DURCH STARTEN
DEUTSCH

1

ÜBUNGSBUCH

VerfasserInnen: Leopold Eibl und Eva Eibl

Diesem Buch ist ein Lösungsheft zu den Übungen beigelegt.

Bibliografische Information der Deutschen Bibliothek:
Die Deutsche Bibliothek verzeichnet diese Publikation in der Deutschen Nationalbibliografie; detaillierte bibliografische Daten sind im Internet über http://dnb.ddb.de abrufbar.

VERITAS-VERLAG, Linz

3. Auflage 2015

www.durchstarten.at
Lektorat: Klaus Kopinitsch
Illustrationen: Helmut »Dino« Breneis
Satz: Ingrid Zuckerstätter
Herstellung: Julia Dresch
Gedruckt in Österreich auf umweltfreundlich hergestelltem Papier

ISBN 978-3-7058-8532-5

VERITAS
Gemeinsam besser lernen

INHALTSVERZEICHNIS

VORWORT

1 Das Lernhilfebuch kann begleitend während des Schuljahres oder/und als **Wiederholung** und **Vertiefung** in den Ferien eingesetzt werden.

2 Das Lernhilfebuch bietet 72 Übungen zu den Bereichen **Laute und Buchstaben**, **Wörter erlesen**, **Lesen und verstehen**, **Wörter schreiben**, **Texte schreiben**. Es deckt den Jahresstoff einer 1. Schulstufe ab und geht da und dort über den Lehrstoff dieser Schulstufe hinaus. Damit ist das Buch auch als **Vorbereitung für die 2. Schulstufe** wertvoll.

3 Jede Übungsseite ist gleich aufgebaut:
- In der Kopfzeile steht der Bereich.
- Jede Übung trägt eine Nummer und einen Titel.
- Eine kurze **Information**, die sich an die **Eltern/Erzieher** richtet, soll ein didaktisches Hintergrundwissen liefern.
- Anschließend wird die **Hauptübung A** bearbeitet.
- Als Fortsetzungsübung wird die **Aufgabe B** angeboten. Ein eigenes Übungsheft wird empfohlen.

4 Die **Reihenfolge** der Übungen ist nicht bindend. Es wird aber empfohlen, zuerst die Übungen aus den Bereichen „Laute und Buchstaben" und „Wörter erlesen" durchzuarbeiten. Hier werden zwei grundlegende Bausteine des Lesenlernens wiederholt.

5 Die Überprüfung der Richtigkeit der gelösten Aufgaben erfolgt mit einem **Lösungsheft.**

6 **Regelmäßiges Üben** garantiert mehr Erfolg! Daher sollte an einem Tag nicht mehr als eine Übungsaufgabe erledigt werden. Bei zeitaufwändigen Übungen kann natürlich auch unterbrochen und am nächsten Tag weitergeübt werden.

7 Die Figuren **Tafel, Kreide, Schwamm** begleiten durch das Programm. Sie sollen nicht nur auflockernd und unterhaltend wirken, sondern auch einen Bezug zur Übung herstellen.

8 Ein **„Übungstagebuch"** könnte begleitend geführt werden. In diesem könnte man notieren, wann welche Aufgabe erledigt wurde.

9 Ein wichtiger **Hinweis zum Rechtschreiben:** Sobald Kinder über einige Laut-Buchstaben-Beziehungen verfügen, wollen sie selbstständig Wörter schreiben. Sie setzen eine phonetische Strategie ein, die wissenschaftlich anerkannt ist. Dabei hören sie das zu schreibende Wort ab und setzen Laut für Laut in Buchstaben um. Natürlich kann das Wortbild nicht so aussehen, wie wir Erwachsene schreiben. Diese Abweichungen werden nicht als Rechtschreibfehler gesehen, sondern als zu tolerierende Kinder- oder Privatschreibungen.

10 Wie gehen wir mit **„Privatschreibungen"** in Texten um? Da ein Schreibanfänger nur über wenige gesicherte Wörter verfügt, wird ein Großteil der Wörter in einem Text nach der phonetischen Strategie konstruiert. Es ist ratsam, diese Andersschreibungen nicht direkt im Text zu korrigieren. Man könnte den ganzen Text in die Normschreibung übertragen und dann die Abweichungen mit dem Kind besprechen. Für Kinder ist dies ein wichtiger Lernprozess.

Liebe Eltern!

Lesen, Schreiben und Rechnen sind grundlegende Voraussetzungen für die Zukunft Ihres Kindes. Damit es diese Fertigkeiten erreichen kann, bedarf es einer optimalen Verarbeitung aller Sinnesreize im Gehirn. Die Grundlagen hierfür sollten bereits vor dem Schuleintritt gelegt werden.

Sowohl das häusliche Umfeld als auch die familiäre Lernsituation beeinflussen die Lernfähigkeit eines Kindes auf seinem Weg zu einer positiven Persönlichkeitsentwicklung.

Auf den folgenden Seiten wollen wir Ihnen daher einige Tipps und Anregungen geben, wie Sie den Lernerfolg Ihres Kindes nachhaltig steigern können.

TIPP 1 TAGESLEISTUNGSKURVE

Wir alle haben zu unterschiedlichen Tageszeiten unsere Leistungshochs und Leistungstiefs. So sieht die durchschnittliche Tagesleistungskurve aus:

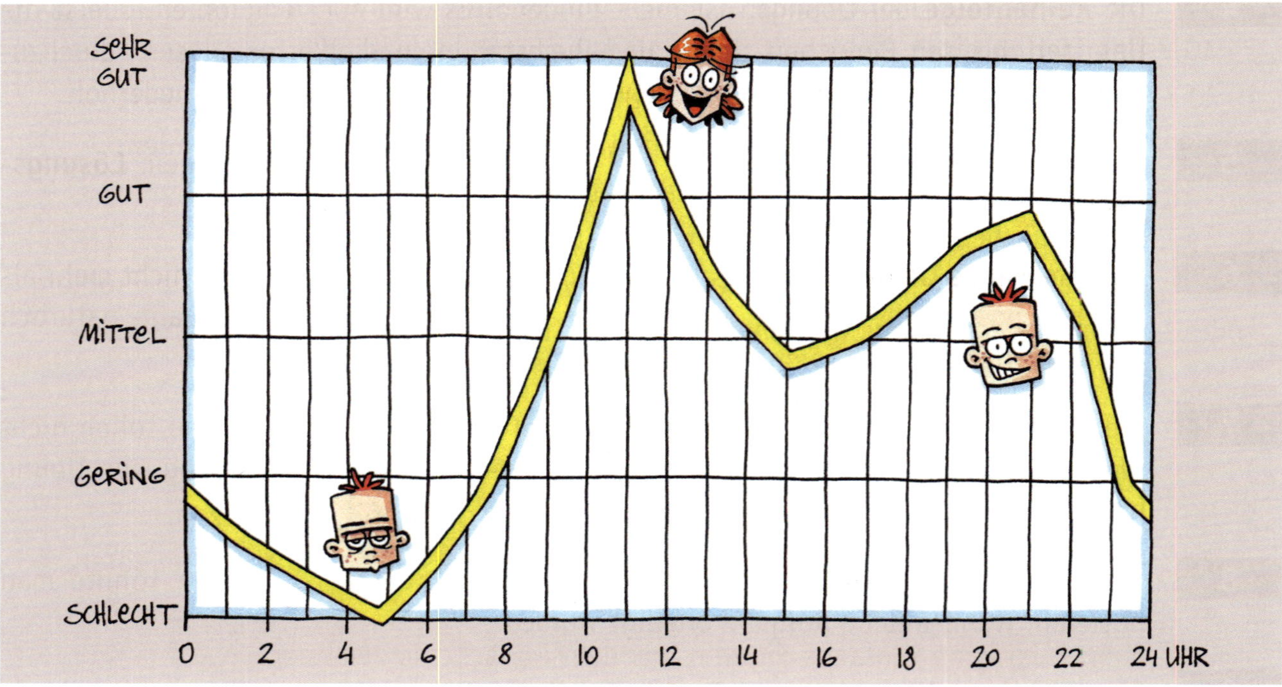

Zeichnen Sie mit einem Rotstift die persönliche Tagesleistungskurve Ihres Kindes ein. Es sollte die anfordernden Aufgaben in jenen Zeitbereichen erledigen, wo es am leistungsfähigsten ist.

Unterstützen Sie Ihr Kind darin, seine Pausen „richtig" zu konsumieren. Private Termine Ihres Kindes dürfen seinen Lernrhythmus nicht beeinträchtigen.

TIPP 2 LERNTYPENGERECHT LERNEN

In den ersten Lebensjahren sammelt ein Kind unzählige Eindrücke von seiner Umwelt, indem es sieht, hört, riecht, schmeckt und Bewegungen ausführt. Diese werden im Gehirn geordnet und verarbeitet. Gelingt die sinnliche Verarbeitung, so spricht man von einer guten „sensorischen Integration".

ELTERNRATGEBER

Für schulisches Lernen sind vor allem die Wahrnehmungsbereiche „Bewegung“, „Sehen“ und „Hören“ von Bedeutung. Überprüfen Sie nun anhand des Beobachtungsbogens, ob Ihr Kind jene Grundfertigkeiten bereits ausreichend entwickeln konnte:

Machen Sie überall dort, wo eine Aussage auf Ihr Kind zutrifft, ein ✔.

✔	Nr.	Aussage
❑	1	Mein Kind kann sich mündliche Anweisungen gut merken.
❑	2	Bei Gesprächen kann mein Kind Blickkontakt halten.
❑	3	Mein Kind zeigt Freude bei Sport und Spiel.
❑	4	Verschiedene Geräusche kann mein Kind erkennen und unterscheiden.
❑	5	Mein Kind hat oft etwas in der Hand, mit dem es herumspielt, oder es klopft auf den Tisch.
❑	6	Wenn mein Kind mit jemandem spricht, greift es diese Person gern an.
❑	7	Mein Kind kann auf Zuruf Bewegungen unterbrechen.
❑	8	Meinem Kind ist es wichtig, schön angezogen zu sein.
❑	9	Mein Kind kann Farben unterscheiden und es spitzt seine Farbstifte gern.
❑	10	Das Treffen eines Zieles mit dem Ball beherrscht mein Kind.
❑	11	Formen kann mein Kind nach Gestaltmerkmalen unterscheiden.
❑	12	Mein Kind kann mit einem Stift Linien nachziehen und Punkte verbinden.
❑	13	Auf Haarfarben anderer Personen achtet mein Kind.
❑	14	Rhythmisches Springen gelingt meinem Kind gut.
❑	15	Das Fangen eines Balles mit beiden Händen bereitet meinem Kind kein Problem.
❑	16	Mein Kind kann sowohl Richtung als auch Entfernung eines Schalls orten.
❑	17	Mein Kind drückt beim Schreiben mit dem Bleistift fest auf.
❑	18	Einfache Muster können von meinem Kind fortgeführt werden.
❑	19	Ähnlich klingende Wörter kann mein Kind voneinander unterscheiden.
❑	20	Während des Unterrichts fällt es meinem Kind schwer, ruhig zu sitzen.
❑	21	Mein Kind kann sowohl Anlaut als auch Endlaut aus einem Wort heraushören.
❑	22	Puzzles setzt mein Kind gerne zusammen.
❑	23	Mein Kind kann einfache Figuren aus dem Gedächtnis zeichnen.
❑	24	Eigentlich geht mein Kind selten langsam, meistens läuft es.
❑	25	Mein Kind kann gut die Stimmen oder den Tonfall anderer Leute nachmachen.
❑	26	Das Nachklatschen einfacher Rhythmen beherrscht mein Kind.
❑	27	Mein Kind kann Gegenstände mit den Augen fixieren und Bewegungen verfolgen.
❑	28	Es bereitet meinem Kind Freude, sich zu einfachen Rhythmen zu bewegen.
❑	29	Kurze Reime kann sich mein Kind merken und nachsprechen.
❑	30	Wenn meinem Kind etwas erzählt oder vorgelesen wird, mag es das sehr.

Quelle: Birgit Draxler

AUSWERTUNG:

Tragen Sie nun die ✔, die Sie im Fragebogen gesetzt haben, in der Tabelle auf der nächsten Seite bei der entsprechenden Nr. ein.

SEHTYP	HÖRTYP	BEWEGUNGSTYP
Nr. 2	Nr. 1	Nr. 3
Nr. 8	Nr. 4	Nr. 5
Nr. 9	Nr. 16	Nr. 6
Nr. 11	Nr. 19	Nr. 7
Nr. 12	Nr. 21	Nr. 10
Nr. 13	Nr. 25	Nr. 14
Nr. 18	Nr. 26	Nr. 15
Nr. 22	Nr. 28	Nr. 17
Nr. 23	Nr. 29	Nr. 20
Nr. 27	Nr. 30	Nr. 24

Wie sind die ✔ verteilt?

- Hat Ihr Kind in allen 3 Wahrnehmungskanälen in etwa gleich viele ✔? Gratulation, es lernt schon mit allen Sinnen.
- Hat Ihr Kind in einem dieser Bereiche Probleme, so ist es wichtig, sie durch konkrete Übungen zu überwinden. So wird „spielend" der Weg für ein erfolgreiches Lernen frei.

Übungen im Bereich „Sehen":
- Beobachtungsaufgaben und Wahrnehmungsspiele (zB Memory, Puzzle)
- Buchstaben nachziehen und aus dem Gedächtnis schreiben
- Bilder betrachten und dabei Suchaufträge erteilen
- Wörter in Silben zerlegen und wieder zusammenfügen

Förderung im Bereich „Hören":
- Anfangs- und Endlaute in Wörtern erkennen und benennen
- Geschichten vorlesen und nacherzählen lassen
- Reimwörter finden und kurze Verse auswendig lernen
- einfache Arbeitsaufträge wiederholen lassen

Förderung im Bereich „Bewegung":
- Hampelmann springen
- Achterschleifen mit den Händen in die Luft malen
- Körperstellungen nachahmen
- Schwungübungen in der Luft / auf einem Papier ausführen

TIPP 3 ARBEITSPLATZ

Arbeitsplatz und Lernumfeld haben einen großen Einfluss auf den Lernerfolg Ihres Kindes. Berücksichtigen Sie daher bei der Gestaltung seines Arbeitsplatzes folgende Kriterien:

Wohlfühlen

Der Lernplatz soll für Ihr Kind eine angenehme Atmosphäre bieten. Dazu können zB angenehme Farben, Pflanzen, Bilder, ein Poster seiner Lieblingsband ... beitragen. Gestalten Sie ihn zusammen mit Ihrem Kind oder lassen Sie Ihr Kind auch selbstständig entscheiden – Ihr Kind soll sich wohlfühlen!

Bequem sitzen
Wer unbequem sitzt, kann sich nur schlecht konzentrieren. Daher darf beim Schreibtischstuhl auf keinen Fall gespart werden. Sitzhöhe und Rückenlehne sollten verstellbar sein, damit eine individuelle Sitzposition gefunden werden kann. Rückenschmerzen und sonstige Sitzfolgeschäden sind zu vermeiden.

Diese richtige „Infrastruktur" des Lernens mit herzustellen, ist auch für Sie eine Herausforderung. Die dafür notwendigen finanziellen Aufwendungen bekommen Sie aber doppelt und dreifach zurück, wenn Ihr Kind gerne und erfolgreich an seinem tollen Arbeitsplatz lernt.

TIPP 4 WAS TUN BEI SCHLECHTEN BEURTEILUNGEN/ NOTEN?

Gefühle ernst nehmen!
Ihr Kind wird sich über eine schlechte Beurteilung/Note mindestens so ärgern wie Sie. Lassen Sie es von seinem Ärger erzählen und nehmen Sie Ihr Kind ernst. Tröstende Worte in der Art von „Alles halb so schlimm" bitte vermeiden.

Wenn Ihr Kind fertig erzählt hat, dann teilen Sie ihm Ihre Befürchtungen, Ängste und Ihren Ärger mit – in einem ruhigen und sachlichen Ton.

Strafen verboten!
Kein Kind ist glücklich über eine schlechte Beurteilung/Note. Manche spielen nur den „Coolen", um ihre Betroffenheit zu verstecken. Außerdem gilt es nun, ein Problem zu lösen, nicht Schuldige zu suchen.

Aufbauen!
Eine schlechte Beurteilung/Note heißt nicht durchfallen. Besprechen Sie erst am nächsten Tag, wie es zukünftig besser klappen könnte. Am Tag der schlechten Nachricht soll sich Ihr Kind noch ein Erfolgserlebnis verschaffen, zB Fußball spielen gehen, reiten, mit Freunden treffen usw.

Vergleichen verboten!
Vergleiche mit Mitschülern oder Mitschülerinnen wirken verheerend auf das Selbstvertrauen und schaffen eine grausame Konkurrenz zwischen Kindern.

Positiv denken!
Nicht die Beurteilung/Note ist entscheidend, sondern die Leistung. Fragen Sie Ihr Kind, welches neue Wissen, welche neuen Fähigkeiten es in den letzten Wochen erworben hat trotz der schlechten Beurteilung/Note. Schauen Sie mit Ihrem Kind gemeinsam auf das, was es kann, und nicht darauf, was es (noch) nicht kann.

Geben Sie es zu!
Erzählen Sie Ihrem Kind von Ihren eigenen „Niederlagen". Das hilft auch Ihnen, sich in die Sorgen Ihres Kindes hineinzudenken.

Sie haben nun einige Anregungen gelesen zum Thema „Lernorganisation".

Wenn Sie darüber mehr erfahren wollen, empfehlen wir Ihnen das Buch **„DURCHSTARTEN LERNTIPPS – IN 5 SCHRITTEN ZUM SCHULERFOLG"**. Darin erfahren Sie, was Sie alles richtig machen können, um Ihr Kind erfolgreich durch seine Schulzeit zu begleiten.

1 Großbuchstaben und Kleinbuchstaben zuordnen

Die meisten Schriften der Welt unterscheiden zwischen Groß- und Kleinbuchstaben. Beinahe alles wird mit Kleinbuchstaben geschrieben. Die Großbuchstaben werden fast immer nur für Satzanfänge und für den Anfang bestimmter Wörter verwendet. Auf der Tastatur eines Computers sieht man nur die Großbuchstaben, obwohl beim Drücken der Taste auf dem Bildschirm der Kleinbuchstabe erscheint. Will man einen Großbuchstaben schreiben, muss man mit einer bestimmten Taste umschalten.

A Fahre immer den Großbuchstaben und den entsprechenden Kleinbuchstaben mit derselben Farbe nach.

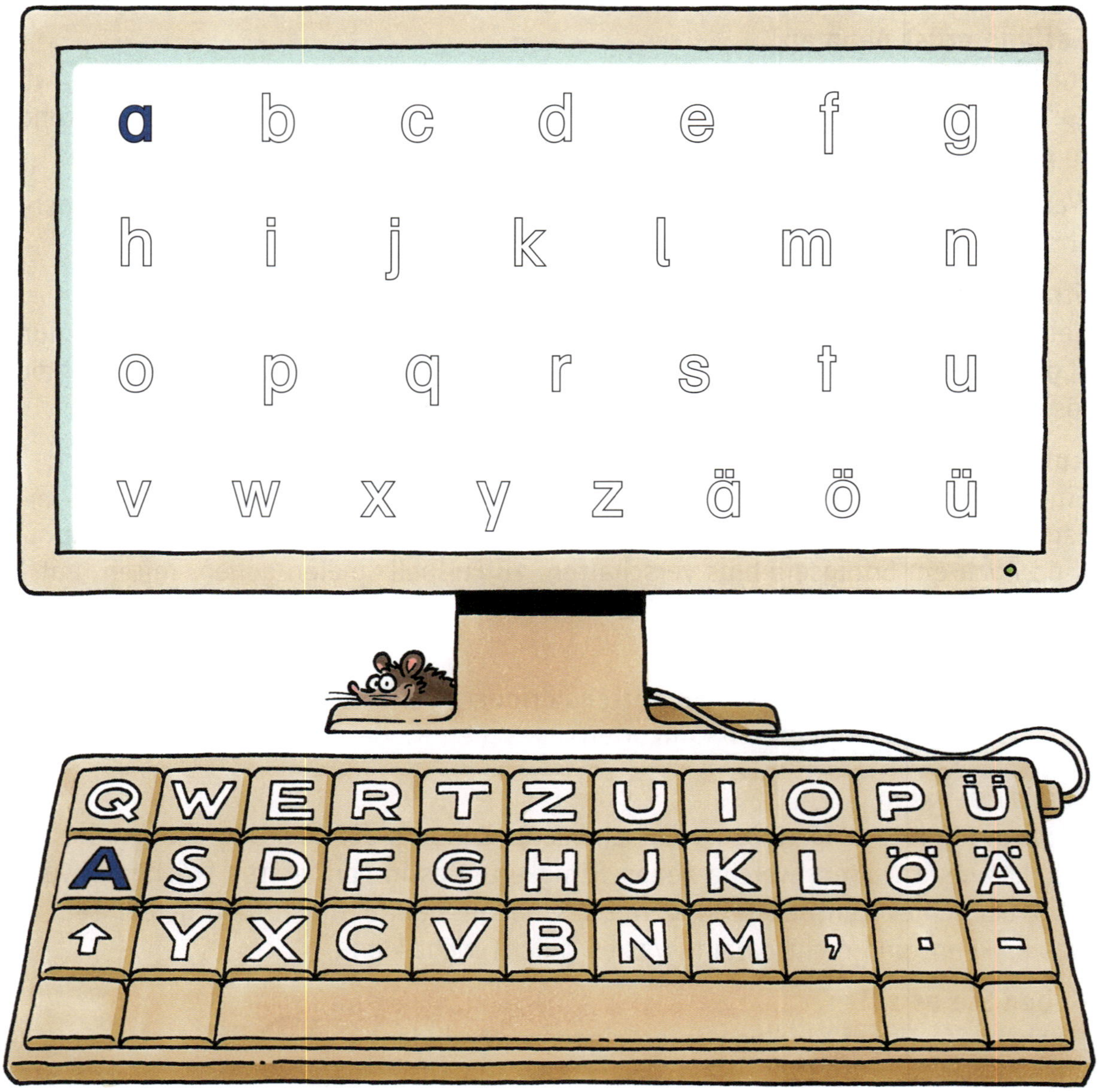

B Was steht auf dem Bildschirm, wenn du auf Großbuchstaben umschaltest? Zeichne in dein Übungsheft einen Bildschirm und schreibe die Großbuchstaben in der gleichen Reihenfolge wie hier in den Bildschirm.

2 Buchstaben in verschiedenen Schriftarten lesen

In einer Lesefibel der 1. Klasse stehen Wörter, Sätze und Geschichten in einer bestimmten Schriftart. Im alltäglichen Leben trifft man dagegen auf verschiedene Schriftarten. Als Leseanfänger muss man erst herausfinden, dass ein Buchstabe in verschiedenen Schriftarten gemeinsame Merkmale hat und daher erkennbar ist.

A **In jeder Zeile steht ein und derselbe Buchstabe in verschiedenen Schriftarten. Nur ein einziger fremder Buchstabe hat sich daruntergeschwindelt. Streiche diesen durch.**

A	V	A	A	A	A
E	E	E	F	E	E
I	I	I	I	J	I
O	O	O	O	O	Ö
U	U	Ü	U	U	U
M	M	M	M	W	M
G	G	C	G	G	G
B	B	B	B	P	B
K	K	K	K	K	R

B **Nimm einige Postwurfsendungen zur Hand. Wähle deinen Lieblingsbuchstaben aus. Suche diesen Buchstaben in den Postwurfsendungen und schneide ihn aus. Klebe die Buchstaben in dein Übungsheft.**

3 Großbuchstaben und Kleinbuchstaben schreiben

Manche Groß- und Kleinbuchstaben sind in der Form gleich. Sie unterscheiden sich nur in der Größe, zB *W* und *w*. Andere wiederum sind sich nicht einmal ähnlich, zB *R* und *r*. Für das Lesen und Schreiben von Texten muss man beide Formen sicher beherrschen.

A Schreibe den fehlenden Großbuchstaben oder Kleinbuchstaben in die leeren Felder.

	a	M			o	U	
N		T			l	S	
	r		b	A		O	
	n	R			s		u
	i	L		E			m
	w		e	W			t
J		P			k	B	

B Schneide aus Postwurfsendungen Groß- und Kleinbuchstaben aus und klebe sie als Pärchen in dein Übungsheft, zB *A a, D d, …*

4 Anlautbuchstaben abhören und schreiben

Jedes gesprochene Wort beginnt mit einem Laut. Diesen nennt man Anlaut. Das Abhören des Anlautes kann man üben, *zB* ***T**isch* beginnt mit ***T**,* ***F**isch* beginnt mit … Das Abhören der einzelnen Laute in einem Wort ist für das Schreiben wichtig.

A **Sprich jedes Wort, das als Bild gezeichnet ist. Schreibe den Anfangslaut in das Kästchen darunter.**

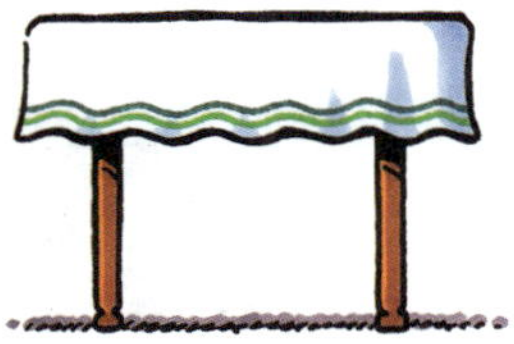

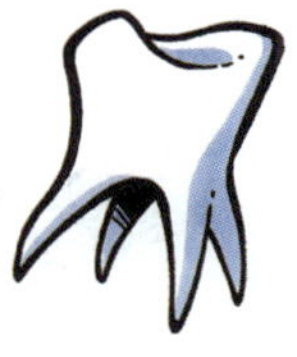

B **Wähle sechs Buchstaben aus. Zeichne Dinge, die mit diesen Anfangsbuchstaben beginnen, zB *T – Torte*.**

5 Zusammengesetzte Schriftzeichen erkennen

Für die meisten Laute wird ein einfacher Buchstabe geschrieben. Es gibt aber auch Laute, für die man zwei oder gar drei Buchstaben schreiben muss: *au, ei, eu, ch, sch, ie, pf, qu*. Diese Schriftzeichen müssen beim Lesen blitzschnell als Vertreter eines Lautes erkannt werden.

A **Lies die Wörter. Übermale die Schriftzeichen *au, ei, eu, ch, sch, ie, pf, qu* gelb.**

Tasche

Buch

Maus

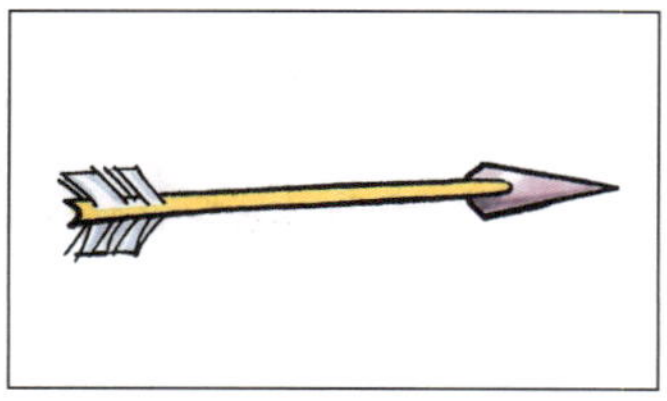

Pfeil

Feuer

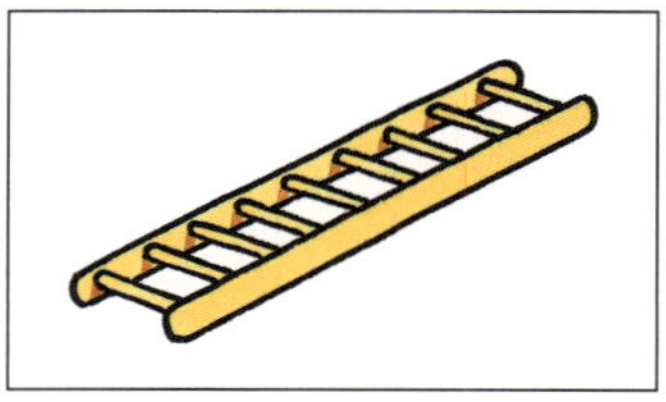

Leiter

Schere

Biene

Dach

Qualle

Zopf

Eule

Fisch

Aquarium

Auto

B **Suche in Postwurfsendungen Wörter mit solchen Schriftzeichen. Schneide die Wörter aus und klebe sie in dein Übungsheft.**

6 Ähnliche Buchstabenformen unterscheiden

Wir sprechen Laute, aber wir schreiben Buchstaben. Manche Buchstaben unterscheiden sich nur durch Kleinigkeiten, zB *b* und *d*. Buchstaben mit kleinen Unterschieden werden leicht verwechselt. Beim Lesen muss man blitzschnell entscheiden, welcher Laut zu einem Buchstaben gehört.

A **In jedem Überraschungsei sind vier Buchstaben. Ein Buchstabe passt nicht zu den anderen. Streiche ihn durch und schreibe ihn in die untere Kästchenreihe.**

~~S~~ Z Z Z

o a o o

t t t l

d d a d

n n m n

i l l l

w w w m

j j j i

f f f t

N N M N

g a g g

n r n n

h h m h

c c c e

L L l L

a b b b

a a d a

c e c c

S ___ ___ ___ ___ ___

___ ___ ___

___ ___ ___ ___ ___ ___ ___ ___ ___

B **Verstecke alle Buchstaben des Wortes DURCHSTARTEN in Überraschungseiern. Als Füllbuchstaben musst du immer drei gleiche Buchstaben in das Ei legen. Zeichne und schreibe in dein Übungsheft.**

7 Buchstaben in unterschiedlicher Größe schreiben

In der Schule werden meistens Buchstaben und Wörter in einer bestimmten Größe geschrieben. Die Schriftgröße ergibt sich durch die vorgegebenen Schreibzeilen. Im alltäglichen Schreibgebrauch muss man aber die Buchstabengröße an die Vorlage anpassen. Wenn nicht mehr Platz zur Verfügung steht, muss man eben die Buchstaben kleiner schreiben.

A **Vor dir liegt ein unfertiges Schreibbild. Die Buchstaben sind die Anfänge von Wörtern, zB *H = Hut, Haar, Au = Auge usw.* Fahre die Buchstaben mit Farbstiften nach. Schreibe dann in der anderen Gesichtshälfte möglichst viele Buchstaben.**

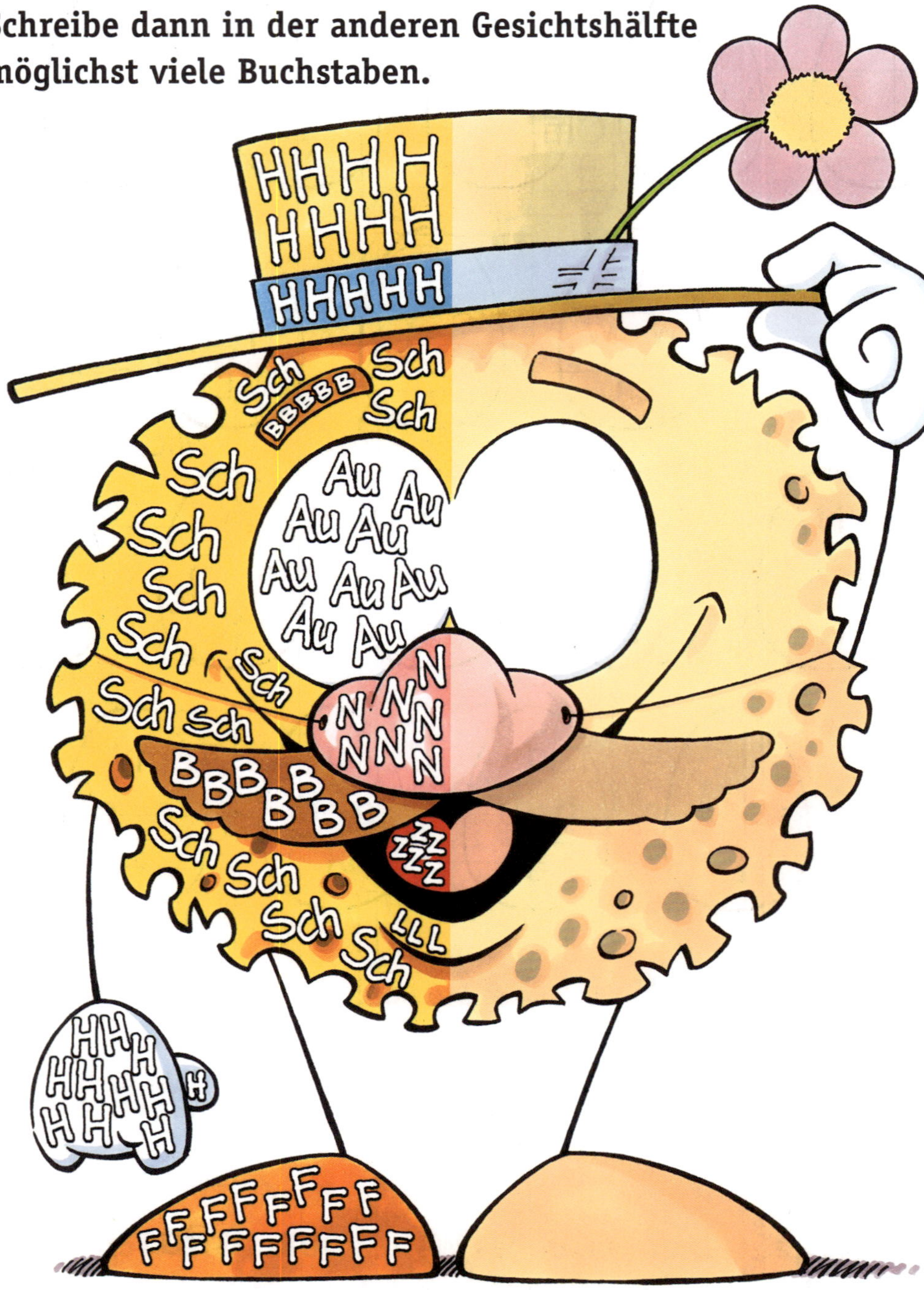

B **Zeichne ein Haus in dein Übungsheft. Fülle die Teile des Hauses mit Buchstaben.**

8 Laute zu einem Wort verschmelzen

Wörter, die man noch nie oder selten gelesen hat, müssen erlesen werden. Dabei ändert sich im Laufe der 1. Klasse die Lesetechnik. Zunächst wird sich ein Leseanfänger von Buchstabe zu Buchstabe vortasten, für jeden Buchstaben einen Laut aussprechen und die Laute zu einer Lautkette verbinden. Die gesprochene Lautkette hat man vielleicht schon so gehört. Sie kommt einem also bekannt vor. Jetzt weiß man wahrscheinlich, was das gelesene Wort bedeutet.

A **In den Zündholzschachteln liegen Wörter. Wenn du eine Schachtel langsam von rechts nach links herausziehst, erscheint ein Buchstabe nach dem anderen. Lies dann: O – Om – Oma.**

B **Bastle aus Zündholzschachteln solche Leseschieber.**

9 Das Zusammenlesen üben

So einfach das Zusammenlesen für manche Kinder ist, so widerspenstig kann es sich wiederum für andere Kinder erweisen. Diese sprechen zwar die einzelnen Laute richtig aus, aber beim Verschmelzen der Laute zu einem Wort spießt es sich. Bitte nicht den Mut verlieren. In spielerischer Form und mit Geduld kommt jedes Kind zum Erfolg.

A **Jeder Fächer wird Schritt für Schritt geöffnet.**
Lies so: *N – Ni – Nin – Nina.*

B **Bastle einige Fächer mit den Namen deiner Freunde und Freundinnen. Du brauchst: Streifen aus Karton, eine Lochmaschine und Splinte (oder eine Schnur).**

10 Worttreppen lesen

Eine Möglichkeit, das Zusammenlesen zu üben, sind Worttreppen. Dabei wird das Wort von Stufe zu Stufe länger oder kürzer. Solche Stufen sollte man so oft lesen, bis man nicht mehr stolpert.

A **Lies die Treppen. Auf der linken Seite: *L – La – Lam – Lama.* Auf der rechten Seite: *Lama – ama – ma – a.***

L a m a	L i s a	L i l o
L a m a	L i s a	L i l o
L a m a	L i s a	L i l o
L a m a	L i s a	L i l o
L a m a	L i s a	L i l o

S a l a t	M a r i a	m a l e n
S a l a t	M a r i a	m a l e n
S a l a t	M a r i a	m a l e n
S a l a t	M a r i a	m a l e n
S a l a t	M a r i a	m a l e n
S a l a t	M a r i a	m a l e n

M a r i o n	R o s i n e	M e l o n e
M a r i o n	R o s i n e	M e l o n e
M a r i o n	R o s i n e	M e l o n e
M a r i o n	R o s i n e	M e l o n e
M a r i o n	R o s i n e	M e l o n e
M a r i o n	R o s i n e	M e l o n e
M a r i o n	R o s i n e	M e l o n e

B **Baue mit einigen Lieblingswörtern solche Lesetreppen.**

11 Silben lesen

Silben sind Teile von Wörtern, die beim Sprechen entstehen, zB *Na – se*. Jedes Wort besteht aus einer oder aus mehreren Silben. Je länger ein Wort ist, desto mehr Silben enthält es. Silben hört man deutlicher, wenn man das Sprechen der Wörter mit Bewegung verbindet, zB Silben gehen, Silben schwingen …
Eine Silbe besteht aus mindestens einem Selbstlaut oder Umlaut.

A **Schneide runde Plättchen aus Karton aus. Schreibe die vorgeschlagenen Buchstaben darauf: *m, s, n, t*. Suche dir einen Spielpartner. Notfalls kannst du das Spiel auch allein durchführen. Es wird gewürfelt und mit einem Plättchen vorgerückt. Der Spieler verbindet nun den Buchstaben seines Plättchens mit dem Buchstaben des Spielfeldes zu einer Silbe, zB Plättchen mit *m* rückt auf Feld *e* vor. Der Spieler oder die Spielerin liest *me*.**

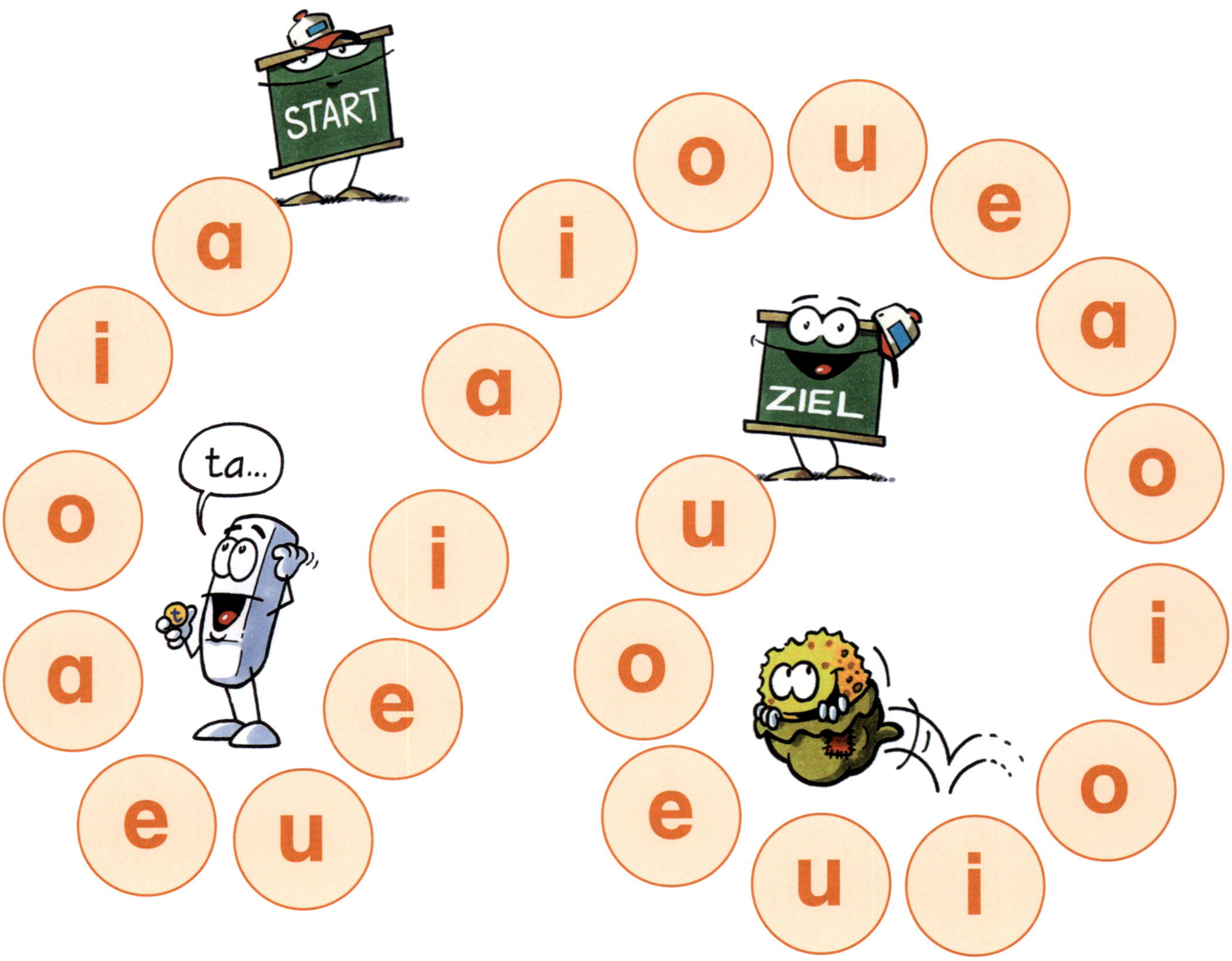

B **Schneide weitere Plättchen aus und beschrifte sie mit anderen Buchstaben, zB *r, f, w* …**

12 Silben zu einem Wort verschmelzen

In den Übungen 8, 9 und 10 werden Wörter durch Verschmelzen von Buchstaben erlesen. Dasselbe kann man auch mit Silben machen.
Du liest: *Me – Me lo – Me lo ne*. Dabei soll zwischen den Silben keine richtige Sprechpause gemacht werden, sodass die Silben verbunden klingen.

A **Lies die Silbentreppen so oft, bis die Silben verbunden und nicht abgehackt klingen.**

Si
Si re
Si re ne

Ra
Ra ke
Ra ke te

Ba
Ba na
Ba na ne

Pa
Pa pa
Pa pa gei

Au
Au to
Au to bus

Kro
Kro ko
Kro ko dil

Te
Te le
Te le fon

Mi
Mi nu
Mi nu te

Mu
Mu si
Mu si ker

Pa
Pa ra
Pa ra dies

B **Lies die Silbentreppen von unten nach oben, zB *Mu si ker, Mu si, Mu; …***

13 Wörter silbenweise lesen

Längere Wörter kann man leichter erlesen, wenn man sie in Silben unterteilt, zB *Ro bo ter* kann man einfacher erlesen als *Roboter*. Man hat aber auch Vorteile, wenn man beim Aufschreiben ein Wort in Silben unterteilt.

A Lies zuerst die Wörter der linken Spalte silbenweise. Verbinde dann mit dem ganzen Wort und schließlich mit dem richtigen Bild.

Sa	la	mi	Nikolo	
Ro	si	ne	Salami	
Ni	ko	lo	Rosine	
Sa	la	te	Telefon	
Te	le	fon	Domino	
Do	mi	no	Salate	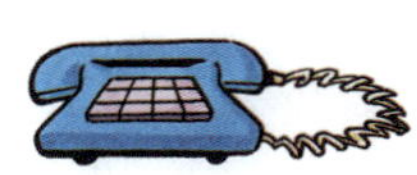
To	ma	te	Rakete	
Ra	ke	te	Melone	
Me	lo	ne	Banane	
Ba	na	ne	Tomate	
Po	sau	ne	Königin	
Kö	ni	gin	Posaune	

B Schreibe jedes Wort auf einen Papierstreifen. Zerschneide das Wort in Silben. Misch die Zettel mit den Silben. Bau die Wörter wieder zusammen und klebe sie in dein Übungsheft.

14 Unsinnwörter lesen

Als Unsinnwörter (Nonsens-Wörter) bezeichnet man Wörter, die keinen Sinn haben. Das Erlesen von Unsinnwörtern zeigt recht gut, ob das lesende Kind ein Wort wirklich erlesen kann. Denn hier kann das Wort kaum vorzeitig erraten werden. Unsinnwörter können durch das Austauschen von Einzelbuchstaben entstehen, zB *Krokodil* ► *Krakodil.*

A Bei den folgenden Wörtern werden *a e i o u* ausgetauscht. Das ergibt Wörter ohne Sinn. Aber sie klingen manchmal lustig. Lies sie mehrmals.

Elefant	Elefant	Elefant
Alefant	Elafant	Elefent
Olefant	Elofant	Elefont
Ilefant	Elifant	Elefint
Ulefant	Elufant	Elefunt
Elefant	Elefant	Elefant

Telefon	Telefon	Telefon
Talefon	Telafon	Telefan
Tolefon	Telofon	Telefen
Tilefon	Telifon	Telefin
Tulefon	Telufon	Telefun
Telefon	Telefon	Telefon

Krokodil	Krokodil	Krokodil
Krakodil	Krokadil	Krokodal
Krekodil	Krokedil	Krokodel
Krikodil	Krokidil	Krokodol
Krukodil	Krokudil	Krokodul
Krokodil	Krokodil	Krokodil

B Schreibe ein Lieblingswort auf. Tausche dann die Buchstaben *a e i o u* aus, zB *Schokolade, Schekolade, Schikolade* …

15 Wörter mit gleichen Wortanfängen lesen

Beginnen Wörter mit den gleichen Buchstabengruppen, dann geht das Erlesen der Wörter etwas leichter. Der Wortanfang ist immer gleich und man muss sich nur mehr auf den Rest des Wortes konzentrieren.

A **Lies jeden Block mehrmals.**

Bl	ume ase use	**Br**	ot ille ett	**Dr**	aht achen ohung
Fl	uss amme asche	**Fr**	iede osch eude	**Gr**	ab ube as
Kl	eid asse ingel	**Pr**	eis obe inz	**Tr**	aum aube ick
dr	an in um	**fr**	oh isch omm	**bl**	au ass ind
br	üllen ummen ennen	**gl**	ühen itzern änzen	**kr**	aulen achen atzen

B **Suche in Zeitungen oder Postwurfsendungen Wörter, die mit *Kr* oder *kr* beginnen. Schneide sie aus und klebe sie untereinander in dein Übungsheft.**

16 Wörter mit den gleichen Endungen lesen

Wörter mit gleichen Endungen kann man leichter erlesen. Da das Ende immer gleich ist, kann man sich voll auf den Rest des Wortes konzentrieren.

A **Lies jeden Block mehrmals.**

Ha, u, Ga → **ns**	Wu, e, Ho → **rst**	He, o, Sa → **ft**
Ri, e, la → **ng**	Be, a, Bu → **rg**	gi, O, lo → **bst**
Po, A, Ra → **st**	He, E, Ha → **rz**	ma, An, ban → **gst**
Bi, Fa, na → **ss**	fli, Ba, kra → **nk**	ha, Ba, Wi → **rt**
Na, e, sa → **cht**	Bl, S, sp → **itz**	K, Kn, Z → **opf**

B **Wähle aus jedem Block ein Wort aus. Schreibe es in dein Übungsheft. Überschreibe das Wortende mit Farbe, zB *Herz*.**

17 Wörter mit gleichen Buchstabengruppen lesen

> Auch im Wortinneren können gleiche Buchstabengruppen stehen, wie zB *ng* und *nk*. Die Gruppen muss man genau sprechen, sonst kommt es mitunter zu Verwechslungen: *Engel* oder *Enkel*; *ng* und *nk* verlangen auch beim Schreiben Aufmerksamkeit.

A **Das Spiel kannst du mit einem Partner/einer Partnerin oder allein spielen. Du brauchst zwei Würfel, die gleichzeitig gerollt werden. Entsprechend den Würfelaugen rückt das *ng* oder *nk* hinauf oder hinunter. Du oder dein Partner/deine Partnerin kann nun das Wort erlesen. Würfelst du zwei Fünfer, musst du rasten. Das Spiel ist beendet, wenn alle Wörter jeder Spalte gelesen wurden.**

si	⚀	⚀	en	le	⚅	⚁	en
Sta	⚁	⚀	e	A	⚂	⚂	er
Zu	↑ ng ↓		e	Fu	⚃	⚂	en
Schla	⚂	⚀	e	O	↑ nk ↓		el
A	⚃	⚀	el	ta	⚄	⚂	en
bri	⚄	⚀	en	de	⚅	⚂	en
Za	⚅	⚀	e	wi	⚃	⚃	en
fa	⚁	⚁	en	li	⚄	⚃	s
Sä	⚂	⚁	er	da	⚅	⚄	e
Stä	⚃	⚁	el	E	⚅	⚃	el
E	⚁	⚄	el	tri	⚅	⚅	en

B **Schreibe einige Wörter aus jeder Spalte in dein Übungsheft. Übermale *ng* und *nk*.**

18 Kurze Wörter lesen

Kurze Wörter, die häufig in Texten vorkommen, sollte man auf einen Blick erkennen. Oft verstecken sich kurze Wörter auch in längeren Wörtern. In der folgenden Übung kann Ihr Kind zeigen, ob es kurze Wörter blitzschnell wiedererkennen kann.

A **Die Wörtchen *in, im, an* und *am* haben sich in den nachfolgenden Wörtern versteckt. Ziehe sie mit vier verschiedenen Farben nach.**

in im an am

Kino	Limo
Mama	woran
Sand	Winter
Karin	Zimt
Wimpern	Name
Orkan	Tinte
Samt	Klima
Kind	Rand
Lampe	Himbeere
Wand	Familie
finden	Rosine
Mantel	Hamster
Limonade	schlank

B **Schneide aus Zeitungen oder Postwurfsendungen Wörter aus, die *in, im, an* oder *am* enthalten. Klebe sie in dein Übungsheft.**

19 Häufige Wörter blitzschnell lesen

Will jemand schnell und flüssig lesen, dann muss er häufig vorkommende Wörter blitzschnell erfassen. Dazu gehören Übung und Leseerfahrung. In der folgenden Übung soll Ihr Kind beschriftete Dominosteine lesen. Diese Übung sollte oft wiederholt werden.

A **Lies die Wörter auf den Dominosteinen von oben nach unten. Beginne mit der linken Spalte.**

START	an	sich	dich	was	das
an	am	dich	ich	das	die
am	im	ich	ach	die	da
im	um	ach	auch	da	du
um	uns	auch	auf	du	dem
uns	ans	auf	für	dem	ein
ans	ins	für	vor	ein	hat
ins	und	vor	der	hat	mit
und	dir	der	er	mit	zu
dir	mir	er	es	zu	wo
mir	mich	es	ist	wo	aus
mich	sich	ist	was	aus	ENDE

B **Die Seite kopieren, die Dominosteine ausschneiden und Domino spielen. Die Spielanleitung findest du im Lösungsheft.**

20 Versteckte Wörter suchen

Reizvoll ist es, versteckte Wörter zu suchen und zu finden. In den folgenden Schreibbildern haben sich mehr oder weniger Wörter versteckt. Diese Wörter soll Ihr Kind blitzschnell erkennen.

A **Gehe auf die Suche nach den versteckten Wörtern. Übermale sie und schreibe auf, wie viele Wörter sich in jeder Abbildung versteckt haben.**

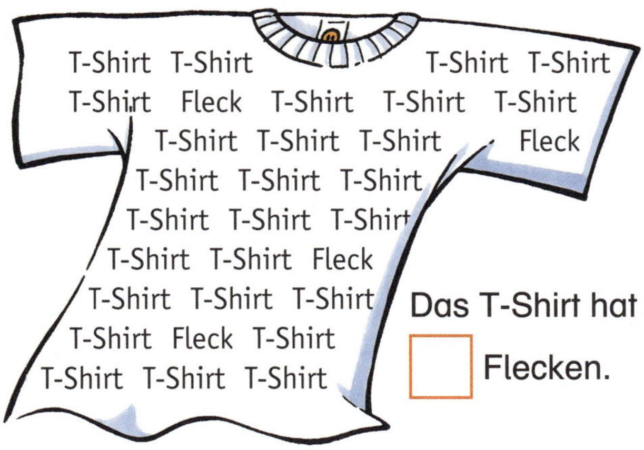

Das T-Shirt hat ☐ Flecken.

Der Zahn hat ☐ Löcher.

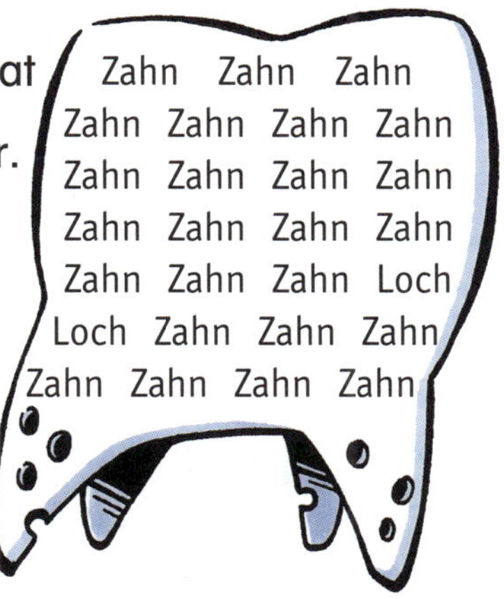

In der Suppe schwimmen ☐ Haare.

In der Birne sind ☐ Würmer.

Im Fell sind ☐ Flöhe.

B **Verstecke 5 Würmer in einem Apfel, 4 Flecken in einer Hose, 6 Löcher in einer Decke, 7 Flöhe in einem Sack.**

21 Wörter mit kleinen Unterschieden lesen

Manche Wörter unterscheiden sich nur durch Kleinigkeiten. In den folgenden Wortpaaren ist dem Ausgangswort ein weiterer Buchstabe vorangestellt. Es entsteht ein neues Wort mit einer eigenen Bedeutung. Die beiden ähnlich klingenden Wörter nennt man Reimwörter.

A **Lies die Reimwörter so oft, bis du sie fließend lesen kannst.**

Asche	–	**T**asche	Arm	–	**D**arm
Ort	–	**W**ort	Lamm	–	**K**lamm
rot	–	**B**rot	Locke	–	**G**locke
Leid	–	**K**leid	rund	–	**G**rund
Tube	–	**S**tube	Insel	–	**P**insel
Reis	–	**K**reis	Affe	–	**W**affe
Rand	–	**B**rand	Eule	–	**K**eule
Rad	–	**G**rad	Leim	–	**Sch**leim
Rippe	–	**K**rippe	nicken	–	**k**nicken
eilen	–	**w**eilen	und	–	**H**und
liegen	–	**f**liegen	eilig	–	**h**eilig
Wein	–	**Sch**wein	Eis	–	**R**eis
rennen	–	**b**rennen	weiß	–	**Sch**weiß
offen	–	**h**offen	Tier	–	**S**tier
ach	–	**B**ach	Asche	–	**M**asche

B **Wähle die Reimpaare mit Doppelmitlauten aus und schreibe sie untereinander in dein Übungsheft, zB** ***Lamm***
Klamm

22 Wörter mit kleinen Unterschieden lesen

Wörter können sich manchmal durch Kleinigkeiten unterscheiden. In den folgenden Wortpaaren besteht der Unterschied in den Wortanfängen. Obwohl die Wortpaare ähnlich klingen, haben die Wörter eine unterschiedliche Bedeutung.

A **Lies die Wortpaare so oft, bis du sie fließend lesen kannst.**

plagen	–	fragen	Teller	–	Keller
Feuer	–	teuer	heute	–	Leute
Schatz	–	Platz	Koch	–	Loch
Hammer	–	Klammer	blicken	–	stricken
Kinder	–	Rinder	glatt	–	Blatt
Sessel	–	Kessel	blau	–	schlau
Puppe	–	Suppe	Glück	–	Stück
Masche	–	Tasche	Rose	–	Dose
Fisch	–	Tisch	Block	–	Stock
Herz	–	Scherz	rollen	–	wollen
Kopf	–	Topf	Nase	–	Vase
Sand	–	Hand	Bad	–	Rad
nass	–	Fass	wetten	–	retten
Rose	–	Hose	Träne	–	Kräne
kaufen	–	laufen	Zahn	–	Bahn

B **Übe mit einem Partner oder einer Partnerin. Du liest das linke Wort, dein Partner oder deine Partnerin das rechte Wort eines Wortpaares. Dann könnt ihr die Rollen tauschen.**

23 Wörter mit gleichen Wortteilen lesen

Es gibt Wörter mit gleichen Wortteilen. Obwohl sie ähnlich klingen, haben sie eine unterschiedliche Bedeutung.

A **Lies die Wortpaare so oft, bis du sie fließend lesen kannst.**

Win**de**	Sei**te**	Train**ing**
Win**ter**	Sei**fe**	Train**er**
Scha**den**	Wol**ke**	schla**gen**
Scha**tten**	Wol**le**	schla**fen**
sie**ben**	Fei**ge**	hung**rig**
sie**gen**	Fei**le**	hung**ern**
jema**ls**	Temp**el**	schwind**eln**
jema**nd**	Temp**o**	schwind**lig**
Trom**pete**	Flie**der**	Schul**e**
Trom**mel**	Flie**ger**	Schul**ter**
Zirk**el**	Schau**fel**	nütz**en**
Zirk**us**	Schau**kel**	nütz**lich**
Plast**ik**	ras**en**	Tas**se**
Plast**ilin**	ras**ten**	Tas**te**
Wan**ne**	vora**n**	Mark**e**
Wan**ge**	vora**us**	Mark**t**

B **Übe mit einem Partner oder einer Partnerin. Du liest das obere Wort, dein Partner oder deine Partnerin das untere Wort eines Wortpaares. Dann könnt ihr die Rollen tauschen.**

24 Wörter mit kleinen Unterschieden lesen

Wortpaare mit kleinen Unterschieden kennst du schon aus den Übungen 21, 22 und 23. Solche Wortpaare können auch entstehen, wenn man einen Selbstlaut, zB *a* und *u*, austauscht. Wenn man die beiden Wörter des Wortpaares hintereinander liest, klingt das wie ein Echo.

A Lies die Wortpaare so oft, bis du sie fließend lesen kannst.

du	da
uns	ans
huhu	haha
Hund	Hand
Huhn	Hahn
Zunge	Zange
er hustet	er hastet
sie knurren	sie knarren
Du kannst husten.	Du kannst hasten.
dünne Nudeln	dünne Nadeln
eine Puppe	eine Pappe
Kummer	Kammer
stumm	Stamm
Buch	Bach
rund	Rand
Lust	Last
Hut	hat

B Übe mit einem Partner oder einer Partnerin. Du liest das linke Wort, dein Partner oder deine Partnerin das rechte Wort. Dann könnt ihr die Rollen tauschen.

25 Wörter mit kleinen Unterschieden lesen

Verschluckt man bei manchen Wörtern den Anfangsbuchstaben, entsteht ein neues Wort mit einer ganz anderen Bedeutung.

A **Lies die Wortpaare so oft, bis du sie fließend lesen kannst.**

hin	in
kalt	alt
froh	roh
mich	ich
Vertrag	Ertrag
Zimmer	immer
pflegen	legen
keinen Brauch	einen Rauch
nimmer fliegen	immer liegen
herfahren	erfahren
brauchen	rauchen
kriechen	riechen
kein Igel	ein Gel
brennen	rennen
Ostern	Stern
Rauch	auch
Rast	Ast
fort	Ort

B **Übe mit einem Partner oder einer Partnerin. Du liest das linke Wort, dein Partner oder deine Partnerin das rechte Wort. Dann könnt ihr die Rollen tauschen.**

26 Ähnliche Vornamen lesen

Du erkennst an einem Vornamen meistens gleich, ob es der Name eines Mädchens oder eines Jungen ist. Manche Mädchen- und Bubennamen klingen ähnlich.

A Lies die Paare so oft, bis du sie fließend lesen kannst.

Petra	und	**Pet**er
Pauline	und	Paul
Lea	und	Leo
Maria	und	Mario
Michaela	und	Michael
Carla	und	Carlo
Fridoline	und	Fridolin
Franziska	und	Franz
Inge	und	Ingo
Angela	und	Angelo
Ottilie	und	Otto
Christine	und	Christian
Hanna	und	Hannes
Alexandra	und	Alexander
Johanna	und	Johannes
Huberta	und	Hubert

B Übermale bei jedem Namenpaar die gleichen Teile mit deiner Lieblingsfarbe.

27 Geräuschwörter lesen

Es gibt Wörter, die sich aus Alltagsgeräuschen herleiten. Dabei wiederholen sich die Wörter. Gleichzeitig wechselt der i-Laut auf den a-Laut oder o-Laut. Dieser Wechsel macht das Lesen amüsant. Liest man die Wörter in umgekehrter Reihenfolge, zB *bam bim*, so wird das Lesen erschwert.

A **Lies jede Kombination mindestens dreimal hintereinander.**

B **Übermale jene Buchstaben, die sich verändern, zB *tick tack*.**

28 Wörter mit gleichen Buchstabengruppen lesen

Buchstabengruppen und kurze Wörter können Bausteine von anderen Wörtern sein. Wer diese „Signalgruppen“ blitzschnell erfasst, erhöht sein Lesetempo.

A **Lies die Wortturme so oft, bis du sie fließend lesen kannst.**

und	upp	ing	ach
in	in	in	in
rund	Suppe	Ring	Dach
Mund	Puppe	Ding	Krach
Hunde	Truppe	singen	sacht

and	ein	ank	imm
in	in	in	in
Land	kein	Dank	nimm
Sand	mein	krank	Zimmer
wandern	Leine	tanken	schlimm

aus	ind	ich	ang
in	in	in	in
Maus	Kind	dich	Klang
Klaus	Wind	mich	angeln
sausen	Rinder	Licht	Gesang

auf	isch	anz	aul
in	in	in	in
Taufe	Tisch	ganz	faul
laufen	frisch	Glanz	Gaul
Schaufel	Fische	tanzen	Maul

B **Übermale die Buchstabengruppen in den Worttürmen.**

29 Versteckte Wörter lesen

In vielen Wörtern sind Buchstaben enthalten, mit denen man ein neues Wort bilden kann, zB in *Tisch* steckt ***ich***. Die Suche nach versteckten Wörtern ist eine spannende Entdeckungsreise.

A **Lies zuerst die ganzen Wörter. Wenn du dann nur die färbigen Buchstaben von links nach rechts liest, entsteht ein neues Wort.**

ZEITUNGEN

FLIEGEN

FLASCHE

FLAMME

ZEUGNIS

LEITER

LIMONADE

ORCHESTER

POLIZIST

SCHANDE

SCHLOSSER

STRAUCH

HABICHT

VEILCHEN

KLEIDERKASTEN

SCHREIBTISCH

SCHWITZEN

TOMBOLA

TROPFEN

FORELLE

KAUGUMMI

KALENDER

KANINCHEN

MINERALWASSER

KANISTER

MINUTE

SCHLOSS

BADETUCH

BLUMENSCHALE

ZUBEREITUNG

B **Suche in deiner Lesefibel Wörter, in denen kürzere Wörter versteckt sind. Schreibe sie in dein Übungsheft und übermale die versteckten Wörter.**

30 Zusammengesetzte Wörter lesen

Zusammengesetzte Wörter sind meist lange Wörter. Lange Wörter bereiten beim Lesen größere Schwierigkeiten als kurze Wörter. Der geübte Leser kann ein zusammengesetztes Wort rasch in die Einzelwörter zerlegen.

A **Lies die Worttreppen so oft, bis du sie fließend lesen kannst.**

Haustür
Türschloss
Schlosshotel
Hotelgast
Gaststube
Stubenfliege
Fliegenpilz
Pilzsuppe
Suppenteller

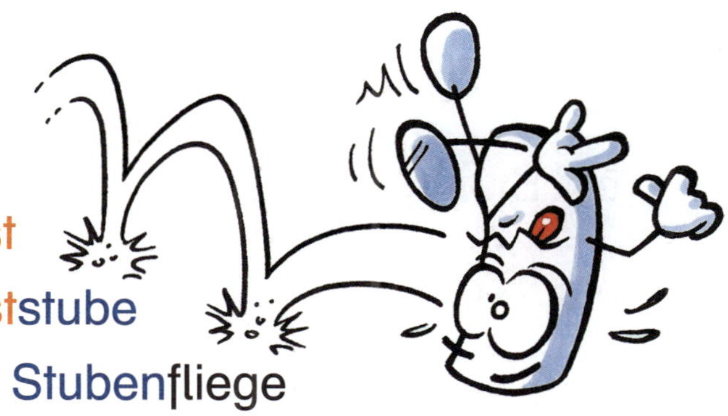

Haustier
Tiergarten
Gartenblumen
Blumenwiese
Wiesenfest
Festhalle
Hallensport
Sportschuhe
Schuhsohle

Tannenbaum
Baumschule
Schulschluss
Schlusssatz
Satzende
Endspiel
Spielregel
Regelbuch
Buchregal

B **Lies die Treppen von unten nach oben, zB Buchregal, Regelbuch, Spielregel ...**

31 Wortgruppen lesen

Geübte Leserinnen und Leser erahnen schon nach wenigen Wörtern, wie ein Satz weitergehen könnte. Sie kontrollieren dann nur mehr, ob die Erwartung zutrifft. Auf diese Weise erhöhen sie das Lesetempo.

A **Woran denkst du, wenn du die Namenwörter in der linken Spalte liest? Verbinde dann mit dem Tunwort, das gut dazupasst.**

ein Buch	○	○	malen
ein Bild	○	○	suchen
eine Torte	○	○	lesen
Ostereier	○	○	backen
einen Brief	○	○	gießen
Blumen	○	○	schreiben
Vanilleeis	○	○	füttern
Hühner	○	○	schlecken
um Hilfe	○	○	stapfen
im Schnee	○	○	schreien
mit dem Rad	○	○	trinken
Tennis	○	○	fahren
Limonade	○	○	spielen
den Farbstift	○	○	mähen
die Wiese	○	○	spitzen
Schluss	○	○	machen

B **Lies die Verbindungen so oft, bis du alle fließend lesen kannst.**

DURCH STARTEN

DEUTSCH

INKLUSIVE ELTERN-RATGEBER UND FIT FÜR DEN ÜBERTRITT

1

1. Klasse VS

ÜBUNGSBUCH LÖSUNGSHEFT

VERITAS
Gemeinsam besser lernen

Übung 1

Jedes Buchstabenpaar (Großbuchstabe auf der Tastatur, Kleinbuchstabe auf dem Bildschirm) soll mit derselben Farbe gekennzeichnet sein. Dabei wird die Taste ausgemalt, der Buchstabe auf dem Bildschirm nachgezogen.

Übung 2

A	~~V~~	A	A	A	A
E	E	E	~~F~~	E	E
I	I	I	I	~~J~~	I
O	O	O	O	O	~~Ö~~
U	U	~~Ü~~	U	U	U
M	M	M	M	~~W~~	M
G	G	~~C~~	G	G	G
B	B	B	B	~~P~~	B
K	K	K	K	K	~~R~~

Übung 3

Die von dir eingetragenen Buchstaben sind hier **fett** gedruckt.

A a	M **m**	**O** o	U **u**
N **n**	T **t**	**L** l	S **s**
R r	**B** b	A **a**	O **o**
N n	R **r**	**S** s	**U** u
I i	L **l**	E **e**	**M** m
W w	**E** e	W **w**	**T** t
J **j**	P **p**	**K** k	B **b**

Übung 4

I	E	U

P	H	M
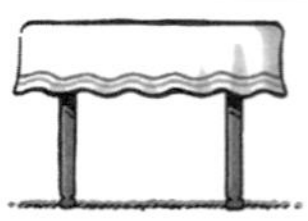		
T	W	S

A	B	Z

D	N	F

Übung 5

Die besonderen Schriftzeichen sind **fett** gedruckt.

Ta**sch**e	Bu**ch**	M**au**s
		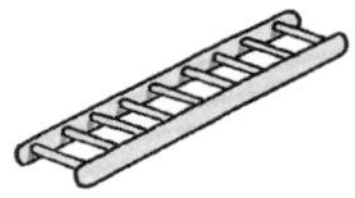
Pfe**i**l	F**eu**er	L**ei**ter

Schere	B**ie**ne	Da**ch**
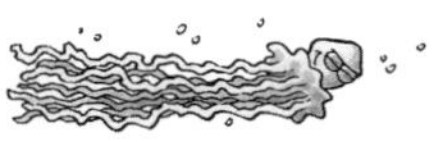		
Qualle	Zo**pf**	**Eu**le
	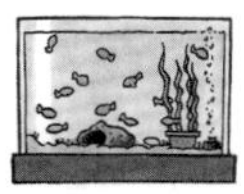	
Fi**sch**	A**qu**arium	**Au**to

Übung 6

~~S~~ / Z Z / Z — o / ~~a~~ o / o — t / t t / ~~l~~ — d / d ~~a~~ / d — n / n ~~m~~ / n — ~~i~~ / l l / l

w / w w / ~~m~~ — j / j j / ~~i~~ — f / f f / ~~t~~

N / N ~~M~~ / N — g / ~~a~~ g / g — n / ~~r~~ n / n — h / h ~~m~~ / h — c / c c / ~~e~~

L / L ~~I~~ / L — ~~a~~ / b b / b — a / a ~~d~~ / a — c / ~~e~~ c / c

Lösung: Salami mit Marmelade

Übung 7

Das „Schreibbild" soll in beiden Hälften ungefähr gleich aussehen.
Die Buchstaben stehen für Wörter:
H = Hut und Hand, Sch = Schwamm, B = Brauen und Bart,
Au = Auge, N = Nase, Z = Zunge, L = Lippe, F = Fuß

Übung 8

Die Wörter werden aufbauend gelesen: O – Om – Oma …

Übung 9

Wie bei Übung 8 werden die Wörter aufbauend gelesen: N – Ni – Nin – Nina …

Übung 10

Die Worttreppen können so gelesen werden:

L	dann: Lama
La	ama
Lam	ma
Lama	a

Du kannst aber die Reihenfolge umdrehen.

Übung 11

Durch das Zusammenlesen von m, s, n oder t mit a, i, o ... entstehen Silben, zB, ma, mi, mo oder sa, si, so ...

Übung 12

Man könnte jedes Wort zuerst so lesen: Si – Sire – Sirene
Anschließend könnte man das Wort abbauen: Sirene – Sire – Si

Übung 13

Zuerst wird jedes Wort silbenweise gelesen: Sa – la – mi.
Dann soll das entsprechende Wort gesucht und flüssig gelesen werden: Salami.
Zum Schluss wird das Wort mit dem passenden Bild verbunden.

Übung 14

Hier können wir dir keine Lösungen anbieten.

Übung 15

Blume	**Br**ot	**Dr**aht
Blase	**Br**ille	**Dr**achen
Bluse	**Br**ett	**Dr**ohung
Fluss	**Fr**iede	**Gr**ab
Flamme	**Fr**osch	**Gr**ube
Flasche	**Fr**eude	**Gr**as
Kleid	**Pr**eis	**Tr**aum
Klasse	**Pr**obe	**Tr**aube
Klingel	**Pr**inz	**Tr**ick
dran	**fr**oh	**bl**au
drin	**fr**isch	**bl**ass
drum	**fr**omm	**bl**ind
brüllen	**gl**ühen	**kr**aulen
brummen	**gl**itzern	**kr**achen
brennen	**gl**änzen	**kr**atzen

Übung 16

Ha**ns**	Wu**rst**	He**ft**
u**ns**	e**rst**	o**ft**
Ga**ns**	Ho**rst**	Sa**ft**
Ri**ng**	Be**rg**	gi**bst**
e**ng**	a**rg**	O**bst**
la**ng**	Bu**rg**	lo**bst**
Po**st**	He**rz**	ma**gst**
A**st**	E**rz**	An**gst**
Ra**st**	Ha**rz**	ban**gst**
Bi**ss**	fli**nk**	ha**rt**
Fa**ss**	Ba**nk**	Ba**rt**
na**ss**	kra**nk**	Wi**rt**
Na**cht**	Bli**tz**	K**opf**
e**cht**	Si**tz**	Kn**opf**
sa**cht**	spi**tz**	Z**opf**

Übung 17

si **ng** en	le **nk** en
Sta **ng** e	A **nk** er
Zu **ng** e	Fu **nk** en
Schla **ng** e	O **nk** el
A **ng** el	ta **nk** en
bri **ng** en	de **nk** en
Za **ng** e	wi **nk** en
fa **ng** en	li **nk** s
Sä **ng** er	da **nk** e
Stä **ng** el	E **nk** el
E **ng** el	tri **nk** en

Übung 18

Die kurzen Wörtchen, die in den längeren Wörtern enthalten sind, siehst du hier **fett** gedruckt.

K**in**o	L**im**o
M**am**a	wor**an**
S**an**d	W**in**ter
Kar**in**	Z**im**t
W**im**pern	N**am**e
Ork**an**	T**in**te
S**am**t	Kl**im**a
K**in**d	R**an**d
L**am**pe	H**im**beere
W**an**d	F**am**ilie
f**in**den	Ros**in**e
M**an**tel	H**am**ster
L**im**onade	schl**an**k

Übung 19

Spielanleitung für Domino: Die Spielsteine werden an die Teilnehmer/Teilnehmerinnen verteilt. Wer den Stein mit START hat, legt dieses Kärtchen aus. Der/Die Nächste schaut, ob er/sie ein Kärtchen mit „an" hat. Ist dies der Fall, legt er/sie dieses Kärtchen an. Ist dies nicht der Fall, kommt der/die Nächste an die Reihe.

Übung 20

Das T-Shirt hat **4** Flecken.
Der Zahn hat **2** Löcher.
In der Birne sind **7** Würmer.
In der Suppe schwimmen **6** Haare.
Im Fell sind **8** Flöhe.

Übung 21

Zu dieser Übung findest du hier keine Lösungen.

Übung 22

Zu dieser Übung findest du hier keine Lösungen.

Übung 23

Zu dieser Übung findest du hier keine Lösungen.

Übung 24

Zu dieser Übung findest du hier keine Lösungen.

Übung 25

Zu dieser Übung findest du hier keine Lösungen.

Übung 26

Die gleichen Wortteile sind hier **fett** gedruckt.

Petra	und	**Pet**er
Pauline	und	**Paul**
Lea	und	**Le**o
Maria	und	**Mari**o

Michaela	und	**Michael**
Carla	und	**Carl**o
Fridoline	und	**Fridolin**
Franziska	und	**Franz**
Inge	und	**Ing**o
Angela	und	**Angel**o
Ottilie	und	**Ott**o
Christine	und	**Christi**an
Hanna	und	**Hann**es
Alexandra	und	**Alexand**er
Johanna	und	**Johann**es
Huberta	und	**Hubert**

Übung 27

Zu dieser Übung findest du hier keine Lösungen.

Übung 28

Die gleichen Buchstabengruppen findest du hier **fett** gedruckt.

r**und**	S**upp**e	R**ing**	D**ach**
M**und**	P**upp**e	D**ing**	Kr**ach**
H**und**e	Tr**upp**e	s**ing**en	s**ach**t
L**and**	k**ein**	D**ank**	n**imm**
S**and**	m**ein**	kr**ank**	Z**imm**er
w**and**ern	L**ein**e	t**ank**en	schl**imm**
M**aus**	K**ind**	d**ich**	Kl**ang**
Kl**aus**	W**ind**	m**ich**	**ang**eln
s**aus**en	R**ind**er	L**ich**t	Ges**ang**
T**auf**e	T**isch**	g**anz**	f**aul**
l**auf**en	fr**isch**	Gl**anz**	G**aul**
Sch**auf**el	F**isch**e	t**anz**en	M**aul**

Übung 29

ZEITUNGEN	–	ZUNGE	SCHREIBTISCH	–	REICH
FLIEGEN	–	LEGEN	SCHWITZEN	–	HITZE
FLASCHE	–	FLACH	TOMBOLA	–	OMA
FLAMME	–	LAMM	TROPFEN	–	OFEN
ZEUGNIS	–	ZUG	FORELLE	–	FELL
LEITER	–	LITER	KAUGUMMI	–	KAMM
LIMONADE	–	MOND	KALENDER	–	LEDER
ORCHESTER	–	REST	KANINCHEN	–	KANNE
POLIZIST	–	LIST	MINERALWASSER	–	MALER
SCHANDE	–	SAND	KANISTER	–	KISTE
SCHLOSSER	–	HOSE	MINUTE	–	MUT
STRAUCH	–	TUCH	SCHLOSS	–	LOS
HABICHT	–	ACHT	BADETUCH	–	BACH
VEILCHEN	–	EILEN	BLUMENSCHALE	–	MENSCH
KLEIDERKASTEN	–	LEIDEN	ZUBEREITUNG	–	ZEITUNG

Übung 30

Zu dieser Übung findest du hier keine Lösungen.

Übung 31

ein Buch	malen
ein Bild	suchen
eine Torte	lesen
Ostereier	backen
einen Brief	gießen
Blumen	schreiben
Vanilleeis	füttern
Hühner	schlecken
um Hilfe	stapfen
im Schnee	schreien
mit dem Rad	trinken
Tennis	fahren
Limonade	spielen
den Farbstift	mähen
die Wiese	spitzen
Schluss	machen

Übung 32

A TA XI 1	Gärtner
A BL UME 1	Zauberer
A TR ICK 1	Taxifahrer
A PI NSEL 1	Friseur
A HA AR 1	Maler
A AN GEL 1	Bäcker
A BR OT 1	Fischer
A G OLF 1	Winzer
A W EIN 1	Golfspieler
A EU RO 1	Judokämpfer
A JU DO 1	Kinobesitzer
A KI NO 1	Bankdirektor
A W ALD 1	Fleischhauer
A HO BEL 1	Förster
A WU RST 1	Tischler

Übung 33

Wir wissen nicht, bei welchen Firmenschildern du besonders gelacht hast. Irgendwie sind aber alle spaßig.

Übung 34

Zu dieser Übung findest du hier keine Lösung. Aber deine Mitspieler und Mitspielerinnen werden sicher kontrollieren, ob du den Auftrag verstanden hast.

Übung 35

Im Herbst werden	manchmal traurig.
Onkel Hans kommt nicht,	schmeckt bitter.
Die Medizin	die Blätter bunt.
Ein Clown ist auch	weil er krank ist.
Ein Turm ist höher	König der Tiere.
Den Löwen nennt man	in den Weltraum.
Die Rakete fliegt	als ein Haus.
Ein Elefant hat	die Wiesen grün.
Im Frühling werden	obwohl es regnet.
Die Kinder sind im Freien,	zwei Stoßzähne.
Zitronen	sind sauer.
Meerwasser kann	lerne und spare.
Nütze die Jahre,	man nicht trinken.
Sonnenbrillen schützen	einen Helm tragen.
Beim Radfahren sollst du	vor grellem Licht.

Übung 36

Das solltest du bei den einzelnen Bildern ergänzen:

Die Schnur ergänzen.
Den Drachen anmalen.

Fünf gelbe Birnen
einzeichnen.

Gitterstäbe eines
Käfigs einzeichnen.

Roten Saft ein-
zeichnen.

Schwarze Locken
ergänzen.

Die Sonne hervor-
gucken lassen.

Auf das Briefpapier
etwas schreiben.

Eine Pizza er-
gänzen.

Das untere Feld
grün anmalen.

Die Flasche mit
Saft halb füllen.

Menschenköpfe in den
Busfenstern zeichnen.

Übung 37

1 Welche Raubkatze hat ein gestreiftes Fell?	Lösung c –Tiger
2 Welches Tier hat einen sehr langen Hals?	Lösung d – Giraffe
3 Welche drei Tiere leben im Urwald?	Lösung a, c und d
4 Welches Tier trägt sein Haus auf dem Rücken?	Lösung b – Schnecke
5 Wie nennt man einen Elefanten noch?	Lösung c – Dickhäuter
6 Welches Tier erzeugt Honig?	Lösung d – Biene
7 Welche Vögel kommen nicht zum Futterhaus?	Lösung b und d
8 Welche beiden Schlangen sind giftig?	Lösung a und c
9 Welches Tier wird zum Märchenprinz?	Lösung c – Frosch
10 Wann ist die Nacht am kürzesten?	Lösung c – im Juni

Übung 38

Ein Mädchen fährt Snowboard.

Niemand sitzt im Auto.

Oma strickt einen Schal.

Das Huhn legt zwei Eier.
Zwei Eier liegen im Nest.

Das Mädchen hat lange Haare.
Die langen Haare sind glatt.

Die beiden Herren begrüßen sich.
Ein Herr trägt einen Hut.

Übung 39

STRENG GEHEIM

HEUTE UM DREI UHR HINTER
DER KIRCHE.

KOMM BITTE AUCH HIN UND
NIMM DEINE SCHWESTER MIT.

VERGISS NICHT DEN PLAN UND
EINE TASCHENLAMPE!

WIR SUCHEN EINEN SCHATZ
IN DER NAHEN HÖHLE.

ERZÄHLE JA NICHTS DEINEN
ELTERN!

ES WIRD SEHR SPANNEND.
ICH BIN SCHON AUFGEREGT.

DEINE DAGI

Übung 40

Zu dieser Übung findest du hier keine Lösung.

Übung 41

Übung 42

Die verdeckten Wortteile findest du hier **fett** gedruckt.

Ein Löwe hatte sich auf der Jagd einen Dorn in die Pranke getreten. Der **Löwe** versuchte, ihn mit den Zäh**ne**n herauszuziehen. Doch der D**orn** stec**kte** so tief im Fleisch, dass es ihm **nich**t gelang. Er leckte und leckte seine Wunde, aber sie entzündete sich und schmerzte im**me**r mehr.

In **de**r Nähe weidete ein Hirte sei**ne** **Schaf**e. Er saß auf einem Stei**n** **u**nd spielte auf seiner Fl**öte**. Da kam der **Lö**we näher. Der Hirte hatte **Ang**st. Er warf die **Flöte** weg und verstec**kte** sich in **seine**r Herde. Er hoffte, dass der Löwe nur ein Schaf fre**sse**n würde.

Der Löwe ab**er** hinkte geradewegs durch **die** Schafherde auf den H**irte**n zu. Vor dem Hirten blieb **er** stehen und legte ihm seine Pranke in den Schoß. Der Hi**rte** sah den Dorn und hatte Mitleid **mi**t dem Löwen. Er nahm sein Messer und zog de**n** **D**orn heraus. Dankbar leckte ihm der Löwe die H**an**d und blieb einige Tage b**ei** ihm. Als die Wunde gehei**lt** **w**ar, kehrte der Löwe in **die** Wildnis zurück.

Übung 43

M ~ s	**K ~ e**	**B ~ m**
	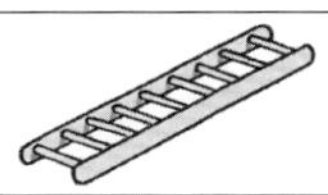	
E ~ l	**L ~ r**	**R ~ e**
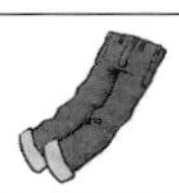	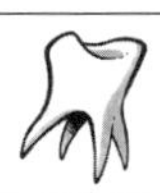	
H ~ e	**Z ~ n**	**S ~ e**
	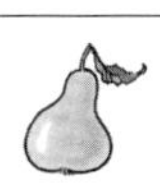	
P ~ t	**B ~ e**	**A ~ l**
	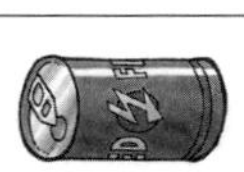	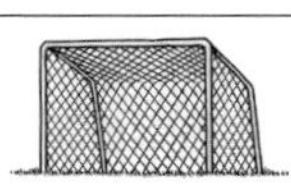
N ~ l	**D ~ e**	**T ~ r**

Übung 44

Der richtige Wortanfang ist hier **fett** gedruckt.

Sa
So

Ra
Ro

Be
Bi

Wo
We

Pe
Pi

Ko
Ka

Ga
Go

Di
Do
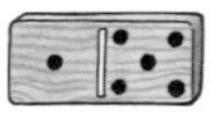

Ha
Hu

Re
Ro

Lö
Le

To
Ta

Ba
Bo

Fe
Fö

Za
Ze

La
Le

Me
Ma

Nu
Na

Übung 45

Der eingesetzte Buchstabe ist hier **fett** gedruckt.

W**a**l	H**u**nd	T**u**rm
B**a**ll	B**e**tt	H**e**ft
W**a**ld	Gl**a**s	R**a**d
K**a**mm	K**o**pf	H**a**nd
F**u**ß	B**i**ld	Kn**o**pf

Übung 46

XXXXX

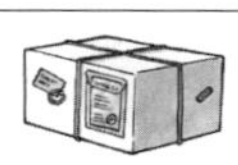
XXXXX

XXXX

XXXXXXX

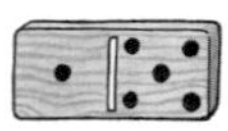
XXXXXX

XXXXX

XXX

XXXXX

XXXXXX

XXXX

XXXXXX

XXXXX

XXXXXXX

XXXX

XXXXX

Übung 47

Die eingesetzten Zwielaute sind hier **fett** gedruckt.

H**au**s	F**eu**er	B**ei**n
B**eu**le	Kr**ei**s	**Au**to
B**au**m	H**eu**	Am**ei**se
Kl**ei**d	dr**ei**	n**eu**n
zw**ei**	Schw**ei**n	**Eu**ro

Übung 48

Die eingesetzten Wortanfänge sind **fett** gedruckt.

Spinne	**St**orch	**Sp**iegel
Stern	**Sp**echt	**St**ecker
Spaten	**St**raße	**Sp**eer
Spagetti	**St**iege	**Sp**ritze
Stall	**Sp**achtel	**St**rauch

Übung 49

Die eingesetzten Umlaute sind hier **fett** gedruckt.

Schl**ü**ssel	Fl**ö**te	B**ä**r
K**ö**nig	S**ä**ge	W**ü**rfel
f**ü**nf	L**ö**ffel	M**ä**dchen
K**ä**fer	zw**ö**lf	K**ä**se
Br**ü**cke	L**ö**we	K**ä**fig

Übung 50

Die eingesetzten Endungen sind hier **fett** gedruckt.

Schlüss**el**	Mess**er**	Ig**el**
Hamm**er**	Keg**el**	Taf**el**
Tell**er**	Löff**el**	Vog**el**
Mal**er**	Schauf**el**	Bech**er**
Nad**el**	Gab**el**	Würf**el**

Übung 51

lacht macht Jacht	rund Mund Hund	Maus Laus Haus
mich sich dich	Bein klein fein	wer der her
bin hin	Mist List	Kauf Lauf
Rauch Bauch	kalt halt	warm Darm

Übung 52

Die neuen Wörter lauten:

Hand	Wand	bald	Wind
wild	Fest	ist	halt
Buch	heiß	Knall	Riese
kaufen	wollen	viel	lieben
dir	dich	mit	klein
Hose	glatt	machen	Ende

Übung 53

Ap fel	ma chen
Au to	Mut ter
Bir ne	Na se
Blu me	re den
En te	sa gen
fin den	Schu le
Fin ger	sie ben
ha ben	sol len
hal ten	un ser
Ha se	Va ter
hö ren	Vo gel
Kat ze	wei nen
lau fen	Wie se

Übung 54

Apfel	und	Baum	der Apfelbaum
Vogel	und	Nest	das Vogelnest
Haus	und	Tür	die Haustür
Wald	und	Weg	der Waldweg
Haus	und	Katze	die Hauskatze
Dorf	und	Schule	die Dorfschule
Vogel	und	Haus	das Vogelhaus
Auto	und	Zug	der Autozug
Vogel	und	Mutter	die Vogelmutter
Nuss	und	Baum	der Nussbaum
Hase	und	Ohr	das Hasenohr
Wiese	und	Blume	die Wiesenblume
Kind	und	Buch	das Kinderbuch
Ente	und	Mutter	die Entenmutter
Blume	und	Wiese	die Blumenwiese

Übung 55

hör**en**	du hör**st**	er hör**t**
mach**en**	du mach**st**	er mach**t**
sag**en**	du sag**st**	er sag**t**
wein**en**	du wein**st**	er wein**t**
sing**en**	du sing**st**	er sing**t**
lach**en**	du lach**st**	er lach**t**
schreib**en**	du schreib**st**	er schreib**t**
komm**en**	du komm**st**	er komm**t**
geh**en**	du geh**st**	er geh**t**
schau**en**	du schau**st**	er schau**t**
spring**en**	du spring**st**	er spring**t**

trink**en**	du trink**st**	er trink**t**
mal**en**	du mal**st**	er mal**t**
koch**en**	du koch**st**	er koch**t**

Übung 56

Der Großbuchstabe ist **fett**, der Kleinbuchstabe *schräg* gedruckt.

aus	**W**ind	wird	*w*indig
aus	**S**onne	wird	*s*onnig
aus	**N**ebel	wird	*n*ebelig/*n*eblig
aus	**R**iese	wird	*r*iesig
aus	**D**urst	wird	*d*urstig
aus	**H**unger	wird	*h*ungrig
aus	**F**leiß	wird	*f*leißig
aus	**S**and	wird	*s*andig
aus	**S**tein	wird	*s*teinig
aus	**E**is	wird	*e*isig
aus	**L**ust	wird	*l*ustig
aus	**S**alz	wird	*s*alzig
aus	**Z**orn	wird	*z*ornig
aus	**S**chatten	wird	*s*chattig
aus	**E**ile	wird	*e*ilig

Übung 57

eins	1
acht	8
fünf	5
sieben	7
drei	3
zehn	10
vier	4
zwölf	12
zwei	2
elf	11
sechs	6
neun	9

Übung 58

Die eingesetzten Buchstaben sind hier **fett** gedruckt.

Mo**n**tag	am Montag
D**ie**nstag	am Dienstag
Mi**tt**woch	am Mittwoch
Do**nn**erstag	am Donnerstag
Fr**ei**tag	am Freitag
Sam**s**tag	am Samstag
So**nn**tag	am Sonntag

Jä**nn**er	im Jänner
F**e**bruar	im Februar
M**ä**rz	im März
Apr**i**l	im April
M**ai**	im Mai
Jun**i**	im Juni
Ju**l**i	im Juli
Augu**st**	im August
Se**p**tember	im September
O**k**tober	im Oktober
No**v**ember	im November
De**z**ember	im Dezember

Übungen 59 bis 72

Für diese Übungen zum freien Schreiben können keine Lösungen angeboten werden. Wichtig ist, dass jeder Schreibversuch gewürdigt wird. Bitte Punkt 9 und 10 im Vorwort des Übungsbuches beachten!

3. Auflage 2015

ISBN 978-3-7058-8532-5

32 Wunschkennzeichen lesen

Manche Autos haben ein Wunschkennzeichen. Oft verrät das Wunschkennzeichen, welchen Beruf oder welches Hobby der Besitzer oder die Besitzerin des Autos hat. Wunschkennzeichen zu lesen und nachzudenken, welcher Beruf oder welches Hobby dahintersteckt, ist ein netter Zeitvertreib und manchmal auch sehr unterhaltend.

A **Lies die Wunschkennzeichen und verbinde das Kennzeichen mit einem Beruf oder Hobby.**

Kennzeichen	Beruf oder Hobby
A TA XI 1	○ Gärtner
A BL UME 1	○ Zauberer
A TR ICK 1	○ Taxifahrer
A PI NSEL 1	○ Friseur
A HA AR 1	○ Maler
A AN GEL 1	○ Bäcker
A BR OT 1	○ Fischer
A G OLF 1	○ Winzer
A W EIN 1	○ Golfspieler
A EU RO 1	○ Judokämpfer
A JU DO 1	○ Kinobesitzer
A KI NO 1	○ Bankdirektor
A W ALD 1	○ Fleischhauer
A HO BEL 1	○ Förster
A WU RST 1	○ Tischler

B **Suche in deiner Umgebung Wunschkennzeichen. Schreibe sie in dein Übungsheft.**

33 Firmenaufschriften lesen

Beim Lesen sollte man den Inhalt (Bedeutung, Sinn) eines Wortes oder auch Satzes verstehen. Mitunter muss man auch den Inhalt denkend verarbeiten, wie zB bei den folgenden Firmenaufschriften. Wenn man den Familiennamen und die Berufsbezeichnung in Beziehung setzt, wird man das Lustige an der Firmenaufschrift erkennen.

A **Lies die Firmenaufschriften. Bei welcher musst du schmunzeln? Warum?**

B **Welche Firmenaufschriften findest du besonders lustig? Male diese Schilder an.**

34 Anleitungen lesen

Wer eine Anleitung liest und versteht, kann sie dann auch durchführen. Daher ist das Lesen und Durchführen von Anleitungen der beste Beweis, ob jemand den Sinn des Gelesenen verstanden hat.

A Lies die Anleitungen und führe sie auch aus.

Steh auf einem Bein und zähle bis zwölf.	Pfeife ein bekanntes Lied.
Öffne die Besteckladе und zähle die Gabeln.	Lies vor, was auf der Zahnpastatube steht.
Mache fünf Kniebeugen.	Schreibe drei Wörter auf einen Zettel.
Falte ein Blatt Papier in die Hälfte.	Spitze einen stumpfen Farbstift.
Gähne dreimal gründlich.	Zeichne ein lustiges Gesicht.
Breite die Arme aus und atme tief ein.	Schau dich in den Spiegel und sprich ein O.
Zähle die Türen eurer Wohnung.	Mache ein fröhliches Gesicht.

B Du kannst die Auftragskärtchen kopieren und ausschneiden. Suche dir einen Partner oder eine Partnerin. Die Kärtchen werden gemischt und verkehrt auf einen Stapel gelegt. Abwechselnd wird abgehoben, still gelesen und der Auftrag durchgeführt. Der/die andere muss sagen, was auf dem Kärtchen steht.

35 Satzteile zu einer Sinneinheit zusammenfügen

Wer den ersten Teil eines Satzes liest und versteht, kann erahnen, wie der Satz weitergehen könnte. Der zweite Teil des Satzes muss inhaltlich und grammatikalisch zum ersten Teil passen.

A **Verbinde die Satzteile zu sinnvollen Sätzen.**

Im Herbst werden	manchmal traurig.
Onkel Hans kommt nicht,	schmeckt bitter.
Die Medizin	die Blätter bunt.
Ein Clown ist auch	weil er krank ist.
Ein Turm ist höher	König der Tiere.
Den Löwen nennt man	in den Weltraum.
Die Rakete fliegt	als ein Haus.
Ein Elefant hat	die Wiesen grün.
Im Frühling werden	obwohl es regnet.
Die Kinder sind im Freien,	zwei Stoßzähne.
Zitronen	sind sauer.
Meerwasser kann	lerne und spare.
Nütze die Jahre,	man nicht trinken.
Sonnenbrillen schützen	einen Helm tragen.
Beim Radfahren sollst du	vor grellem Licht.

B **Wähle aus deiner Fibel fünf Sätze aus. Schreibe jeden Satz auf einen Papierstreifen. Schneide dann die Streifen in der Mitte auseinander. Vermische die Teile und baue sie wieder zu Sätzen zusammen.**

36 Sätze ganz genau lesen

Manchmal lesen wir nicht mit voller Aufmerksamkeit. Wer bei der folgenden Übung jeden Satz genau liest und auch versteht, wird merken, dass beim dazupassenden Bild etwas fehlt.

A **Lies die Sätze und stelle fest, was auf den Bildern fehlt.**

 Der bunte Drachen hängt an der Schnur.	 Sabrina hat schwarze Locken.	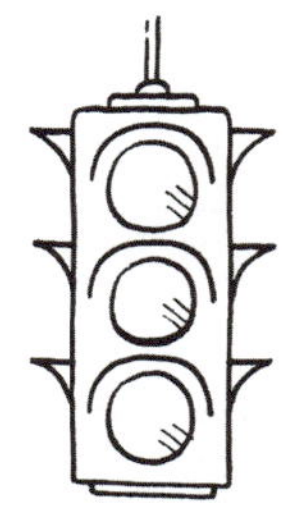 Die Ampel zeigt Grün.
 Auf dem Baum hängen fünf gelbe Birnen.	 Die Sonne schaut hinter der Wolke hervor.	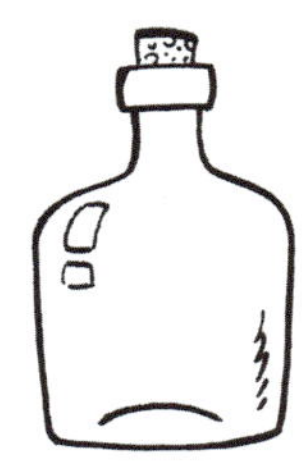 Die Flasche ist halb voll.
 Der Tiger schläft im Käfig.	 Oma hat einen Brief geschrieben.	 Im roten Bus sitzen viele Leute.
 Im Glas ist roter Himbeersaft.	 Auf dem Teller liegt eine Pizza.	

B **Zeichne und male die Bilder fertig.**

37 Fragen richtig beantworten

Zum sinnverstehenden Lesen braucht man auch ein Sachwissen. Ohne dieses Wissen kann man selbst bei guter Lesefertigkeit Sätze und Texte nicht verstehen. Natürlich kann man sich auch über das Lesen Sachwissen aneignen.
Bei der folgenden Übung soll aus vier möglichen Antworten die richtige ausgewählt werden.

A **Lies die Frage. Kreuze die richtige Antwort an.**

1	Welche Raubkatze hat ein gestreiftes Fell?	a	Zebra	c	Tiger
		b	Leopard	d	Fuchs
2	Welches Tier hat einen sehr langen Hals?	a	Gans	c	Hase
		b	Kamel	d	Giraffe
3	Welche drei Tiere leben im Urwald?	a	Leopard	c	Papagei
		b	Wolf	d	Krokodil
4	Welches Tier trägt sein Haus auf dem Rücken?	a	Esel	c	Muschel
		b	Schnecke	d	Haustier
5	Wie nennt man einen Elefanten noch?	a	Tanzbär	c	Dickhäuter
		b	Ohrwurm	d	Grautier
6	Welches Tier erzeugt Honig?	a	Hummel	c	Hornisse
		b	Wespe	d	Biene
7	Welche Vögel kommen nicht zum Futterhaus?	a	Meise	c	Sperling
		b	Schwalbe	d	Kuckuck
8	Welche beiden Schlangen sind giftig?	a	Kobra	c	Kreuzotter
		b	Ringelnatter	d	Blindschleiche
9	Welches Tier wird zum Märchenprinzen?	a	Adler	c	Frosch
		b	Wolf	d	Kröte
10	Wann ist die Nacht am kürzesten?	a	im Mai	c	im Juni
		b	im Juli	d	im August

B **Lies jede Frage laut vor und gib die richtige Antwort, zB *Welche Raubkatze hat ein gestreiftes Fell? – Der Tiger hat ein gestreiftes Fell.***

38 Sätze genau lesen

In der folgenden Übung werden zu jedem Bild drei ähnliche Sätze angeboten. Man muss daher genau lesen, das Gelesene verstehen und mit dem Bild übereinstimmen. Erst dann kann man sagen, welcher Satz passt. Es kann auch sein, dass zwei Sätze für ein Bild zutreffen.

A Kreuze jene Sätze an, die zum Bild passen.

○ Ein Mädchen fährt Schi.

○ Ein Junge fährt Snowboard.

○ Ein Mädchen fährt Snowboard.

○ Ein Fahrer sitzt im Auto.

○ Zwei Personen sitzen im Auto.

○ Niemand sitzt im Auto.

○ Oma näht einen Schal.

○ Opa strickt einen Schal.

○ Oma strickt einen Schal.

○ Das Huhn legt zwei Eier.

○ Zwei Hühner legen drei Eier.

○ Zwei Eier liegen im Nest.

○ Das Mädchen hat lange Haare.

○ Die langen Haare sind glatt.

○ Das Mädchen hat lange Beine.

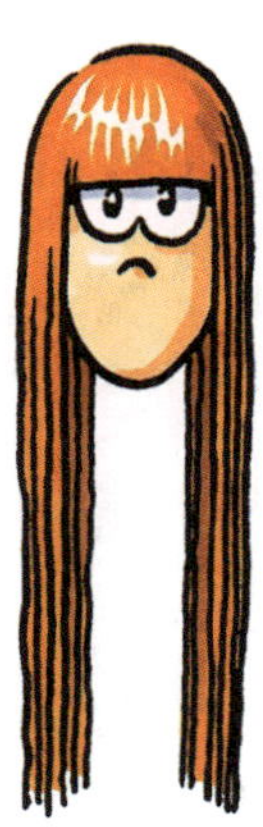

○ Die beiden Herren begrüßen sich.

○ Beide Herren tragen Hüte.

○ Ein Herr trägt einen Hut.

B Schreibe drei Sätze, die nicht angekreuzt wurden, in dein Übungsheft und male ein passendes Bild dazu.

39 Eine Geheimschrift lesen

Durch das Weglassen von einigen geraden Strichen wird das Schriftbild verändert und schaut etwas ungewohnt aus. Diese „Geheimschrift" spornt zum Lesen an. Wer möchte nicht gerne wissen, was sich hinter dieser Nachricht verbirgt?

A Versuche, die geheime Nachricht zu lesen.

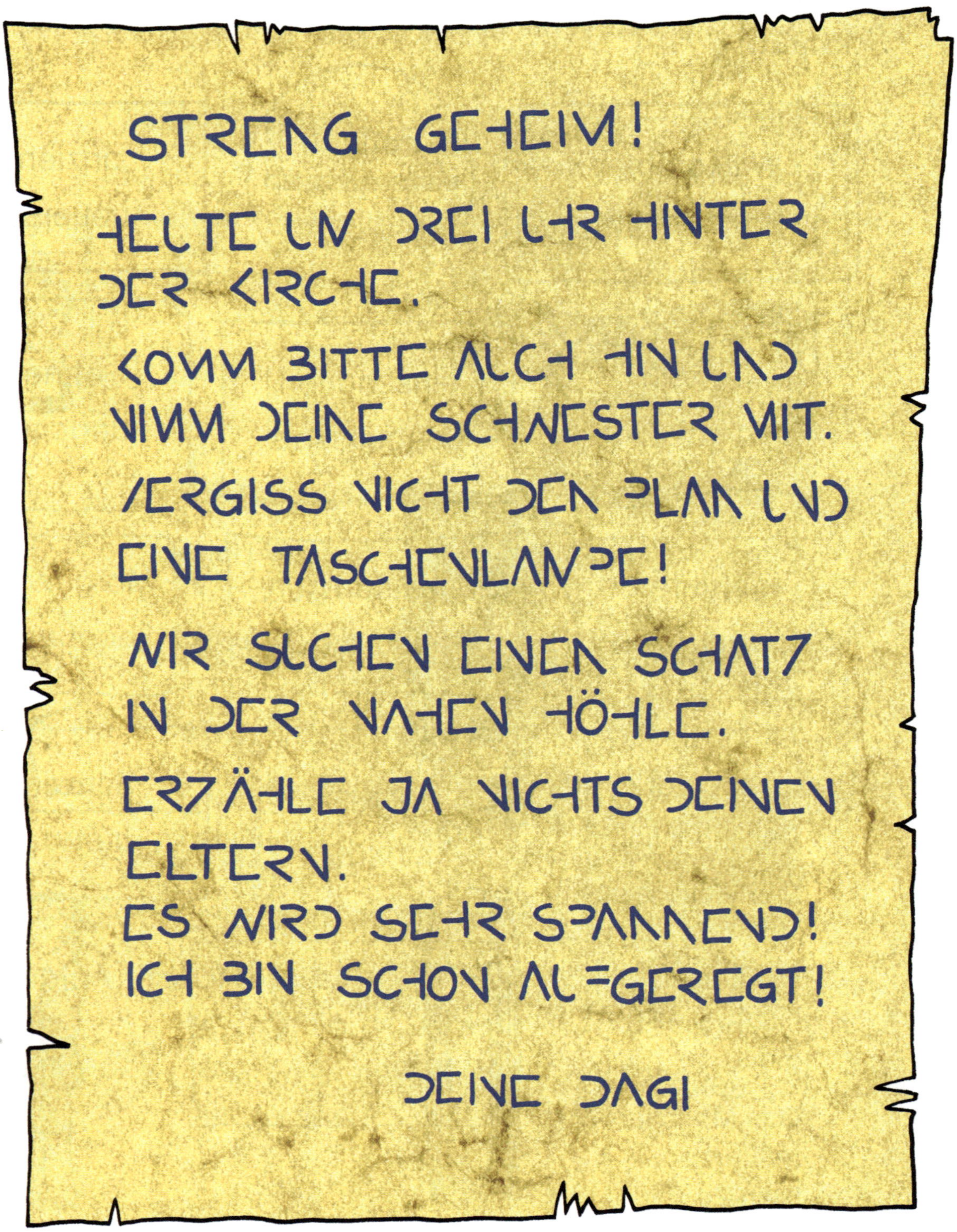

B Ergänze bei den Buchstaben die fehlenden Striche.

40 Wörter mit gegensätzlicher Bedeutung lesen

Das Wissen um die gegensätzliche Bedeutung eines Wortes erleichtert das Lesen. Man erwartet sozusagen schon ein bestimmtes Wort, zB zu *warm* erwartet man *kalt*. Ein Blick – auch wenn das Wort auf dem Kopf steht – genügt, um das erwartete Wort zu kontrollieren.

A **Lies die gegensätzlichen Wortpaare so oft, bis du sie fließend lesen kannst.**

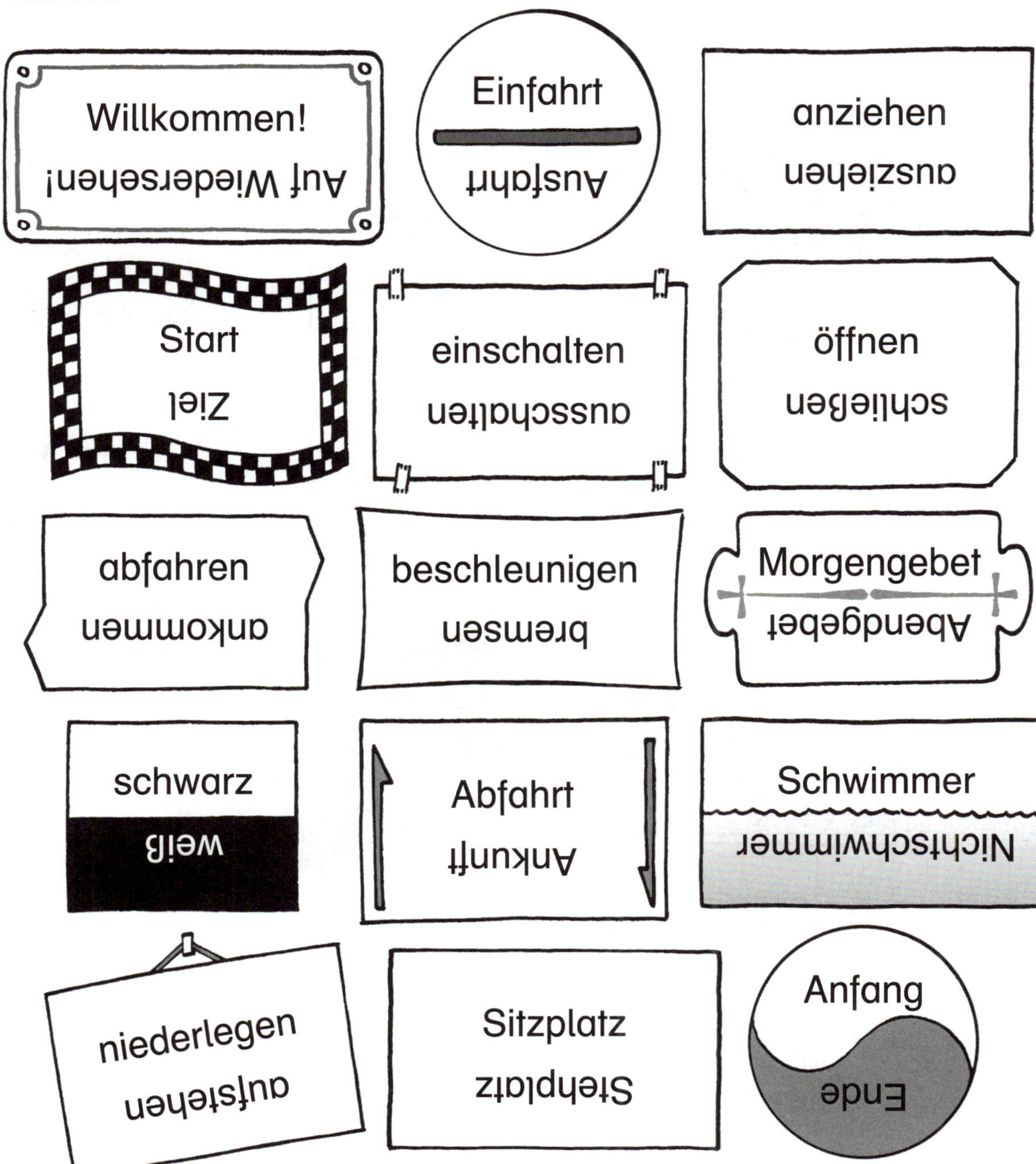

B **Kopiere die Übung. Zerschneide die Wortpaare und lege sie vermischt auf den Tisch. Versuche nun, die Wortpaare schnell zu lesen.**

41 Schilder lesen

In unserem täglichen Leben treffen wir auf zahlreiche Schilder. Die Information auf Schildern ist meist kurz gehalten, manchmal besteht sie nur aus einem Wort, zB *RASTHAUS*. Liest man dieses Schild, weiß man nicht nur, dass hier ein Rasthaus ist, sondern gleichzeitig, dass man hier etwas zu trinken und zu essen bekommt oder auf die Toilette gehen kann.

A **Welches Schild passt zu welchem Bild? Lies genau, was auf den Schildern steht. Schreibe dann die Nummern der Schilder in die gelben Felder.**

7 Dr. Max Baldrian

1 Das Betreten der Gleise ist verboten!

3 Vor dem Schwimmen duschen!

2 Bitte nicht füttern!

6 Nur für Kleinkinder!

5 Bitte nicht stören!

4 Kein Trinkwasser!

B **Gehe auf Schilderjagd in deiner Umgebung. Schreibe einige auf.**

42 Verdeckte Wörter erlesen

Den Sinn von Wörtern können geübte Leser und Leserinnen aus dem Satzganzen erschließen. Selbst wenn Teile des Wortes verdeckt sind, kann man das Wort richtig lesen.

A **Versuche, den folgenden Text zu lesen. Wenn du nicht gleich weißt, wie das verdeckte Wort lautet, sei nicht verzweifelt. Wenn du gut überlegst, kommst du sicher dahinter.**

Ein Löwe hatte sich auf der Jagd einen Dorn in die Pranke getreten. Der L[illegible]e versuchte, ihn mit den Zäh[illegible]n herauszuziehen. Doch der D[illegible] steck[illegible] so tief im Fleisch, dass es ihm n[illegible]t gelang. Er leckte und leckte seine Wunde, aber sie entzündete sich und schmerzte im[illegible] mehr.

In [illegible]r Nähe weidete ein Hirte sei[illegible] Sc[illegible]e. Er saß auf einem Stei[illegible]nd spielte auf seiner Fl[illegible] Da kam der [illegible]we näher. Der Hirte hatte A[illegible]st. Er warf die [illegible]te weg und versteck[illegible] sich in se[illegible]r Herde. Er hoffte, dass der Löwe nur ein Schaf fre[illegible]n würde.

Der Löwe ab[illegible] hinkte geradewegs durch [illegible] Schafherde auf den Hi[illegible]n zu. Vor dem Hirten blieb [illegible] stehen und legte ihm seine Pranke in den Schoß. Der Hi[illegible] sah den Dorn und hatte Mitleid [illegible]t dem Löwen. Er nahm sein Messer und zog de[illegible]Dorn heraus. Dankbar leckte ihm der Löwe die H[illegible]d und blieb einige Tage b[illegible] ihm. Als die Wunde gehei[illegible]ar, kehrte der Löwe in [illegible] Wildnis zurück.

B **Kopiere einen Text aus deinem Lieblingsbuch. Übermale mit einem dunklen Filzstift einige Textstellen. Versuche dann, den Text zu lesen.**

43 Anfangs- und Endlaute in einem Wort abhören

Schreiben hat etwas mit dem Hineinhören in ein Wort zu tun. Am besten hört man den Laut am Wortanfang und am Wortende. Das Hineinhören in ein Wort kann geübt werden.

A **Sprich das gezeichnete Wort. Schreib den Anfangs- und den Endlaut in die leeren Kästchen.**

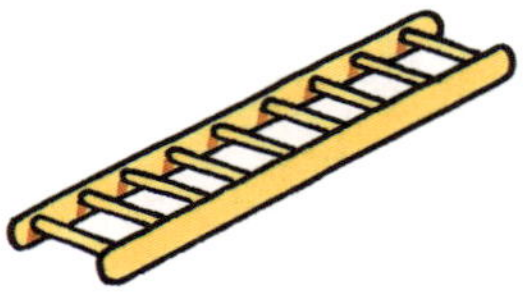

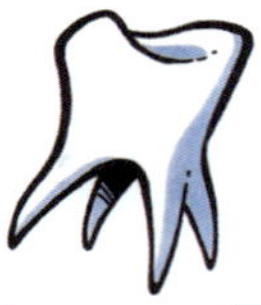

B **Wähle zehn Dinge aus, die du in deinem Zimmer siehst. Schreibe für jedes Ding ein Zettelchen mit den Anfangs- und Endbuchstaben des Wortes.**

44 Den zweiten Laut eines Wortes abhören

Das Hineinhören in ein Wort kann man üben. Schreibanfänger verfügen über diese Fähigkeit nur in einem bescheidenen Ausmaß. Werden in Übung 43 der Wortanfang und das Wortende abgehört, geht es in dieser Übung um das Abhören des zweiten Lautes in einem Wort.

A **Sprich das Wort deutlich aus. Welchen Wortanfang hörst du? Spure den richtigen Wortanfang mit einem Farbstift nach.**

Sa
So

Ra
Ro
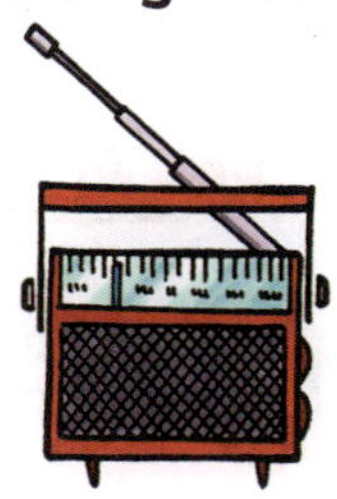

Be
Bi

Wo
We

Pe
Pi

Ko
Ka

Ga
Go

Di
Do

Ha
Hu

Re
Ro

Lö
Le

To
Ta

Ba
Bo

Fe
Fö

Za
Ze

La
Le

Me
Ma

Nu
Na

B **Versuche zehn Wörter vollständig aufzuschreiben. Lass das Ergebnis von den Eltern kontrollieren. Schreibe dann die richtigen Wörter in dein Übungsheft.**

45 Bei kurzen Wörtern den Selbstlaut hören

Kurze Wörter bestehen meist aus einer Silbe. In jeder Silbe hört man einen Selbstlaut. Das geübte Ohr hört diesen Selbstlaut. Schreibanfänger können das nur in einem bescheidenen Ausmaß. Aber man kann diese Fähigkeit schulen.

A Sprich jedes Wort deutlich. Welcher Buchstabe fehlt? Setze ihn ein.

W ☐ l

H ☐ nd

T ☐ rm

B ☐ ll

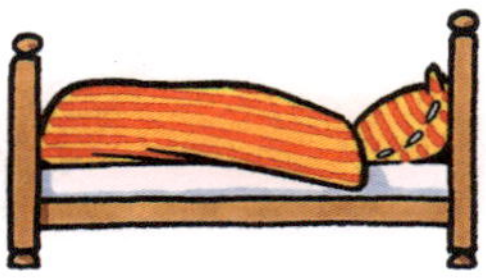

B ☐ tt

H ☐ ft

W ☐ ld

Gl ☐ s

R ☐ d

K ☐ mm

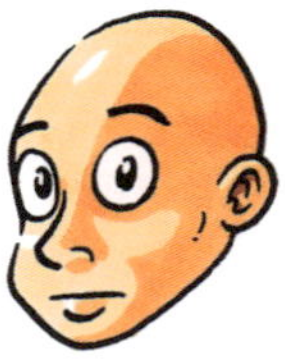

K ☐ pf

H ☐ nd

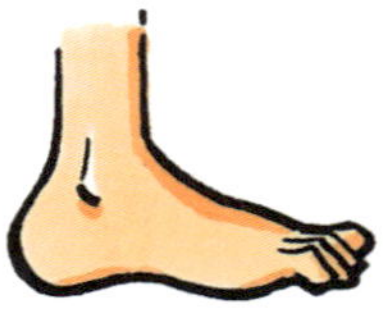

F ☐ ß

B ☐ ld

Kn ☐ pf

B Übermale die eingesetzten Buchstaben mit folgenden Farben:
***i* = gelb, *e* = rot, *a* = grün, *o* = blau, *u* = braun.**

46 Wörter in einzelne Laute zerlegen

Will man ein ganz neues Wort schreiben, das man noch nie gesehen hat, geht man so vor:

1. Das Wort deutlich aussprechen
2. Das Wort in die einzelnen Laute zerlegen
3. Jedem Laut einen Buchstaben zuordnen.

In dieser Übung geht es darum, die Anzahl der Laute in einem Wort festzustellen.

A **Sprich jedes Wort deutlich. Zeichne für jeden Laut ein Kreuz.**

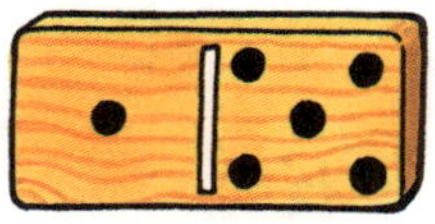
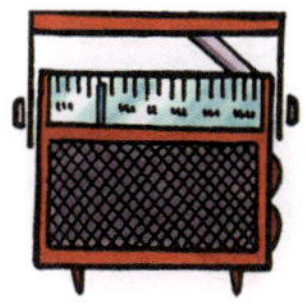

B **Wähle zehn Wörter aus und versuche sie aufzuschreiben. Lass das Ergebnis von den Eltern kontrollieren. Schreibe die richtigen Wörter in dein Übungsheft.**

47 Wörter mit Zwielauten schreiben

> Grundsätzlich steht für jeden Laut **ein** Buchstabe. Es gibt einige Laute, die aber mit zwei Buchstaben abgebildet werden: *au, ei, eu*. Diese Laute nennt man Zwielaute.

A **Sprich die Wörter deutlich. Was fehlt? Trage *au, ei* oder *eu* ein.**

H ☐ s

F ☐ er

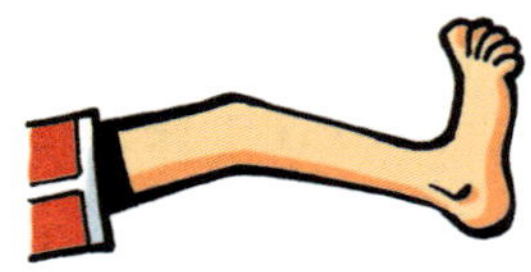

B ☐ n

B ☐ le

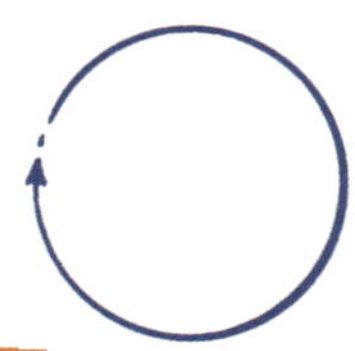

Kr ☐ s

☐ to

B ☐ m

H ☐

Am ☐ se

Kl ☐ d

dr ☐

n ☐ n

zw ☐

Schw ☐ n

☐ ro

B **Übermale die eingesetzten Zwielaute so: *au* = rot, *eu* = grün, *ei* = gelb.**

48 Wörter mit st und sp am Wortanfang schreiben

Steht *St/st* oder *Sp/sp* am Wortanfang, weicht die Schreibung von der Aussprache ab. Wir sprechen *schp* und schreiben *sp*, wir sprechen *scht* und schreiben *st*. Schreibanfänger neigen dazu, Wörter mit *st* und *sp* so zu schreiben, wie sie gesprochen werden. Daher soll ihnen diese Abweichung durch die folgende Übung bewusst gemacht werden.

A Sprich die Wörter deutlich. Was hörst du? Setze *St* oder *Sp* ein.

☐ inne

☐ orch

☐ iegel

☐ ern

☐ echt

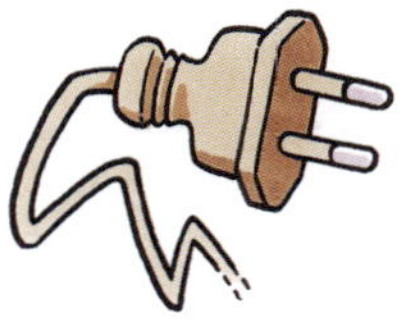
☐ ecker

☐ aten

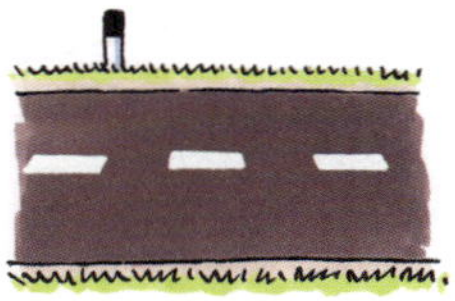
☐ raße

☐ eer

☐ agetti

☐ iege

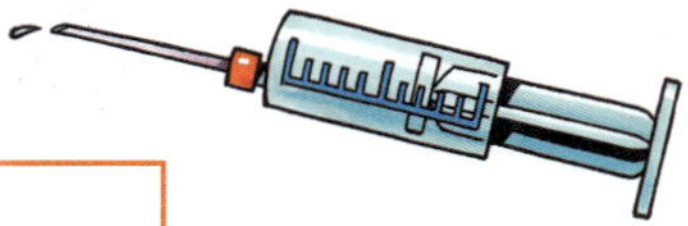
☐ ritze

☐ all

☐ achtel

☐ rauch

B Übermale *St* rot und *Sp* grün.

49 Wörter mit Umlauten schreiben

Eine Besonderheit der deutschen Sprache sind die Umlaute *ä, ö, ü*. Nicht in allen Sprachen kennt man diese Laute. Das *ö* und *ü* kann man hören, das *ä* dagegen kaum. Man muss sich daher Wörter mit *ä* merken.

A **Sprich die Wörter deutlich. Was fehlt? Setze ein *ä*, *ö* oder *ü* ein.**

Schl ____ ssel

Fl ____ te

B ____ r

K ____ nig

S ____ ge

W ____ rfel

f ____ nf

L ____ ffel

M ____ dchen

K ____ fer

zw ____ lf

K ____ se

Br ____ cke

L ____ we

K ____ fig

B **Übermale *ä* rot, *ö* grün und *ü* gelb.**

50 Wörter mit den Endungen -el und -er schreiben

Die Endungen *-el* und *-er* sind schwer abzuhören. Wir sprechen sie in der Umgangssprache nicht so, wie sie geschrieben werden, zB *Rüssl* statt *Rüssel*, *Mutta* statt *Mutter*. Daher werden diese Endungen von Schreibanfängern auch mitunter so geschrieben, wie sie gesprochen werden. Mit dieser Übung soll die Aufmerksamkeit auf die richtige Schreibung der Endungen gelenkt werden.

A **Sprich jedes Wort. Was hörst du am Wortende? Trage nun *-el* oder *-er* ein.**

Schlüss ☐

Mess ☐

Ig ☐

Hamm ☐

Keg ☐

Taf ☐

Tell ☐

Löff ☐

Vog ☐

Mal ☐

Schauf ☐

Bech ☐

Nad ☐

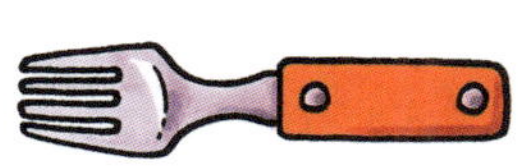
Gab ☐

Würf ☐

B **Übermale die zwei verschiedenen Endungen mit deinen Lieblingsfarben.**

51 Reimwörter schreiben

Reimwörter klingen nicht nur ähnlich, sie werden auch meist ähnlich geschrieben, zB *das Kind – der Wind*. Dieses Wissen ist oft hilfreich, manchmal führt es aber auch zu einer Fehlschreibung, zB ich weiß, dass man *lieb* mit *ie* schreibt. Das gilt auch für die Reimwörter *Sieb*, *Dieb*, aber nicht für *gib*.

A **Verbinde die Wörter mit den vorgegebenen Wortanfängen und schreib die neuen Wörter auf.**

	acht		und		aus
l	lacht	r	______	M	______
m	______	M	______	L	______
J	______	H	______	H	______

	ich		ein		er
m	______	B	______	w	______
s	______	kl	______	d	______
d	______	f	______	h	______

	in		ist		auf
b	______	M	______	K	______
h	______	L	______	L	______

	auch		alt		arm
R	______	k	______	w	______
B	______	h	______	D	______

B **Wähle fünf Gruppen aus und schreibe die Reimwörter in dein Übungsheft.**

52 Wörter mit kleinen Unterschieden schreiben

Es gibt ähnliche Wörter, die sich nur durch einen einzigen Buchstaben unterscheiden. Sie klingen ähnlich, obwohl sie eine ganz andere Bedeutung haben. Das Schriftbild ähnlicher Wörter unterscheidet sich aber nur gering.

A **Tausche den durchgestrichenen Buchstaben aus. Schreibe das neue Wort darunter.**

a H~~u~~nd Hand	W ~~S~~and ______	b ~~W~~ald ______	W ~~K~~ind ______
w ~~B~~ild ______	F ~~N~~est ______	i ~~A~~st ______	l ha~~r~~t ______
u B~~a~~ch ______	h ~~w~~eiß ______	Kn ~~B~~all ______	R ~~W~~iese ______
k ~~l~~aufen ______	w ~~s~~ollen ______	l vie~~r~~ ______	l ~~s~~ieben ______
d ~~m~~ir ______	d ~~m~~ich ______	t mi~~r~~ ______	kl ~~f~~ein ______
o H~~a~~se ______	g ~~B~~latt ______	m ~~l~~achen ______	d En~~t~~e ______

B **Schreibe Wortpaare in dein Übungsheft, die sich reimen, zB *Sand – Wand*.**

53 Wörter in Silben trennen

Wörter kann man silbenweise sprechen, zB *Na se*. Beim Schreiben kann man Wörter auch an der Silbengrenze abteilen, zB *Na – se*. Wenn man längere Wörter schreibt, ist es vorteilhaft, Silbe für Silbe mitzusprechen, zB *Kro ko dil*.

A **Sprich die Wörter deutlich. Beim Sprechen kannst du sie in Silben teilen. Schreibe jedes Wort mit zwei Farben in die Kästchen.**

Apfel: A p / f e l	machen
Auto	Mutter
Birne	Nase
Blume	reden
Ente	sagen
finden	Schule
Finger	sieben
haben	sollen
halten	unser
Hase	Vater
hören	Vogel
Katze	weinen
laufen	Wiese

B **Wähle zehn Wörter aus und schreibe sie so in dein Übungsheft:**
Bir – ne, Blu – me, Fin – ger …

54 Zusammengesetzte Wörter schreiben

In unserer Sprache bauen wir aus zwei oder mehreren Wörtern neue Wörter zusammen. Gibt es in einem Einzelwort eine Rechtschreibbesonderheit, dann gilt diese auch für das zusammengesetzte Wort, zB *Vogel* mit *V*, daher auch *Vogelhaus* mit *V*. Beim Schreiben von zusammengesetzten Wörtern kann man sich daher immer nach der Schreibung der Einzelwörter richten.

A **Verbinde die beiden Wörter. Achtung, im Wortinneren gibt es nur Kleinbuchstaben.**

Apfel	und	Baum	der Apfelbaum
Vogel	und	Nest	______
Haus	und	Tür	______
Wald	und	Weg	______
Haus	und	Katze	______
Dorf	und	Schule	______
Vogel	und	Haus	______
Auto	und	Zug	______
Vogel	und	Mutter	______
Nuss	und	Baum	______

B **Wenn du die folgenden Wörter verbindest, verändert sich das erste Wort.**

Hase	und	Ohr	______
Wiese	und	Blume	______
Kind	und	Buch	______
Ente	und	Mutter	______
Blume	und	Wiese	______

55 Tunwörter schreiben

Tunwörter enden in ihrer Nennform auf *-en*. Verbindet man sie aber mit einer Person (*ich, du, er …*), verändert sich die Endung des Tunwortes. In Verbindung mit *du* endet das Tunwort auf *-st*, in Verbindung mit *er, sie, es* auf *-t*, zB ***du*** *sing****st***, ***er*** *sing****t***. Beachtet man das, so wird man das Tunwort am Wortende richtig schreiben.

A **Verbinde die Tunwörter mit *du* und *er*. Schreibe die Endungen mit Farbe.**

	du	er
hören	du hörst	er hört
machen		
sagen		
weinen		
singen		
lachen		
schreiben		
kommen		
gehen		
schauen		
springen		
trinken		
malen		
kochen		

B **Überlge, was du gerne machst. Schreibe die Tätigkeiten dann in dein Übungsheft, zB *ich male gern, ich …***

56 Verwandte Wörter schreiben

In verwandten Wörtern ist nicht nur die Bedeutung sehr ähnlich, sondern auch das Schriftbild. Das ist ein Vorteil beim Schreiben. Weiß man zB, dass man *Mehl* mit *h* schreibt, kann man dieses Wissen beim Schreiben des verwandten Wortes *mehlig* gut gebrauchen. Zu beachten ist die Großschreibung der Namenwörter und die Kleinschreibung der Wiewörter.

A **Bilde wie im Musterbeispiel Wiewörter, die sich von den Namenwörtern ableiten. Überschreibe die Anfangsbuchstaben rot und grün.**

aus	Wind	wird	windig
aus	Sonne	wird	
aus	Nebel	wird	
aus	Riese	wird	
aus	Durst	wird	
aus	Hunger	wird	
aus	Fleiß	wird	
aus	Sand	wird	
aus	Stein	wird	
aus	Eis	wird	
aus	Lust	wird	
aus	Salz	wird	
aus	Zorn	wird	
aus	Schatten	wird	
aus	Eile	wird	

B **Wähle acht Wortpaare aus und schreibe sie so in dein Übungsheft:**
Wind – windig, Sonne – sonnig, …

57 Zahlen bis zwölf schreiben

Normalerweise werden Zahlen bis zwölf in Texten ausgeschrieben, das heißt so geschrieben, wie sie gesprochen werden. In der Mathematik schreibt man Zahlen dagegen immer als Ziffern.

A **Schreibe die Zahlen auf.**

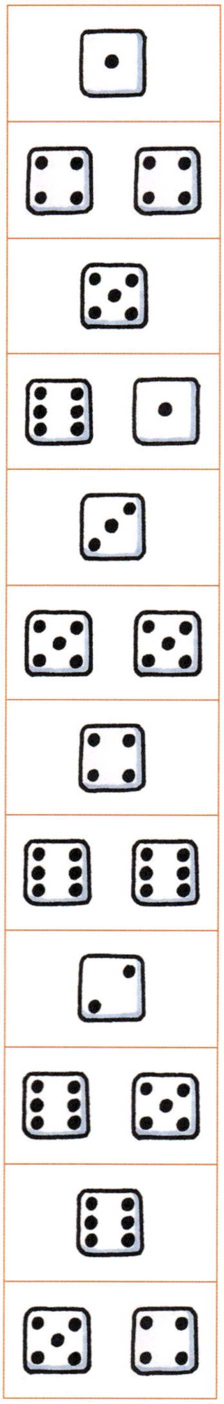

Zahl als Wort	Zahl als Ziffer
eins	1

B **Ordne die Zahlen nach der Größe. Beginne bei 1.**
Schreibe die Zahlen als Wort und Ziffer in dein Übungsheft.

58 Wochentage und Monatsnamen schreiben

Will man ein Datum vollständig aufschreiben, muss man die Wochentage und Monatsnamen schreiben können.

A Ergänze die Wochentage und die Monatsnamen.

Mo_n_tag	am Montag
D ___ nstag	
Mi ___ woch	
Do ___ erstag	
Fr ___ tag	
Sam ___ tag	
So ___ tag	
Jä ___ er	im Jänner
F ___ bruar	
M ___ rz	
Apr ___ l	
M ___	
Jun ___	
Ju ___ i	
Augu ___	
Se ___ tember	
O ___ tober	
No ___ ember	
De ___ ember	

B Schreibe das Datum deines Geburtstages und der Geburtstage deiner Eltern und Geschwister in dein Übungsheft, zB *Samstag, 21. April.*

59 Sich selbst vorstellen

Die Vorlage soll nur als Schreibanregung dienen. Ein Steckbrief über sich selbst wird natürlich ganz anders aussehen und mehr Einzelheiten enthalten. Die Verbindung von Text und Zeichnung als Ausdrucksform entspricht dem Alter.

A **Lies den Steckbrief von Jonas. Stell dich dann selbst vor.**

B **Stelle eine Person vor, die du sehr gern hast, zB *Das ist Mama. Sie …* Gestalte ein Plakat und schenke es dieser Person.**

60 Personen zu Hause vorstellen

Hier sollen Personen kurz beschrieben werden, die im Umfeld des Kindes leben. Wiederum dient das Beispiel von Jonas als Vorlage, die nicht 1:1 übernommen werden muss. Die Erfahrung zeigt, dass nicht alle Kinder ohne Vorlagen Ideen entwickeln und daher gerne auf solche Vorschläge zurückgreifen.

A **Lies, was Jonas über sein Zuhause geschrieben und gemalt hat. Stelle dann dein Zuhause vor.**

B **Hast du auch Oma, Opa, Onkel oder Tante? Schreibe über deine Verwandten etwas auf.**

61 Eigene Stimmungen beschreiben

Die eigene Stimmung kann man in Wort und Bild wiedergeben. Mit den vorgegebenen Mustern kann dies bereits Kindern in diesem Alter gelingen.

A Lies, was Julia traurig und fröhlich macht. Schreibe dann auf, was dich traurig und fröhlich macht.

B Schreibe in dein Übungsheft, was dich sonst noch fröhlich/traurig macht.

62 Über Reiseziele schreiben

Bei dieser Schreibaufgabe können Kinder ihre Reisewünsche äußern und in Wort und Bild zu Papier bringen. Der Wunsch von Simon kann eine Vorlage sein, die ohne Probleme auf den eigenen Wunsch abgeändert werden kann.

A **Lies, welchen Reisewunsch Simon hat. Schreibe und male dann, wohin du gerne fahren möchtest.**

B **Schreibe und male, wo du im Vorjahr gewesen bist.**

63 Über Lieblingsspeisen schreiben

Bei dieser Schreibaufgabe sollen Kinder in Wort und Bild festhalten, was sie gerne beziehungsweise am allerliebsten essen.

A **Lies, was Lisa gerne isst. Zeichne anschließend einen Teller, in den du deine Lieblingsspeisen hineinmalst und hineinschreibst.**

B **Male und schreibe die Lieblingsspeisen deiner Mama in das Übungsheft.**

64 Eine Einladung zu einem Fest gestalten

Eine Einladung muss wesentliche Informationen enthalten: Grund der Einladung, Ort, Zeit. Darüber hinaus könnte man noch etwas zum Ablauf mitteilen, damit die eingeladenen Kinder auch entsprechend gekleidet sind, zB *Spiele im Garten, Baden im Pool …* Neben dem Inhalt ist auch die Gestaltung wichtig. Hier kann man sich einiges einfallen lassen.

A **Lies die Einladung von Florian. Schreibe und zeichne eine Einladung zu einem Fest, das du gerne feiern möchtest.**

B **Schreibe eine Liste mit Kindern, die du zum Fest einladen würdest.**

65 Über den Tagesablauf berichten

Ein Tagesablauf muss nicht lückenlos jede Einzelheit enthalten. Wichtige Ereignisse werden ausgewählt und festgehalten. Aus dem Beschreiben eines Tagesablaufes kann sich später einmal das Führen eines Tagebuches entwickeln.

A **Lies den Tagesablauf von Mario. Zeichne dann ein Ziffernblatt und schreibe auf, was du gestern Nachmittag gemacht hast.**

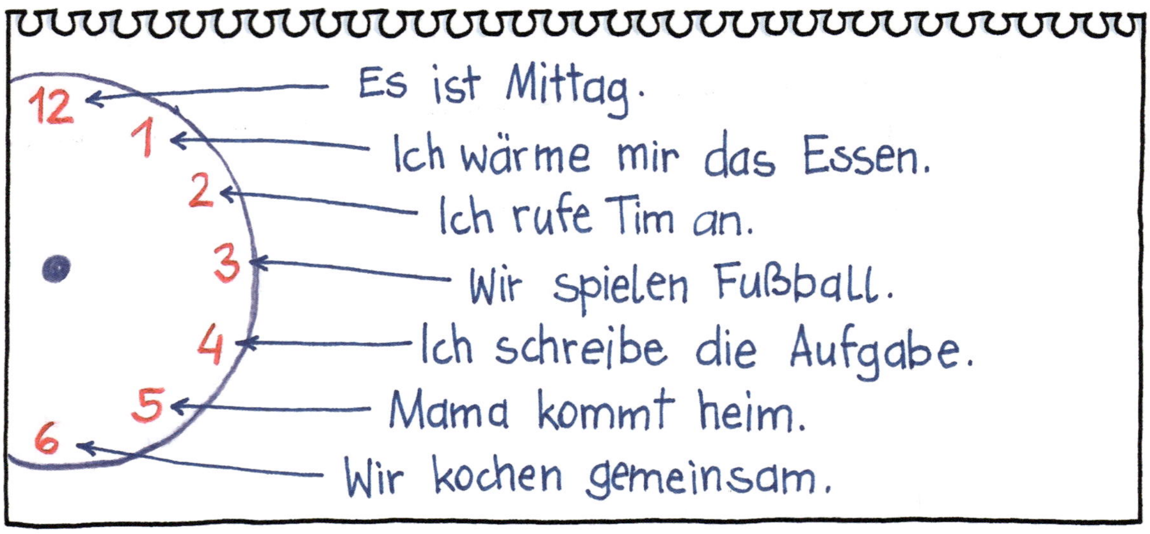

B **Wie schaut ein Nachmittag in den Ferien aus? Zeichne und schreibe.**

66 Personen beschreiben

Die ersten Personenbeschreibungen im Leben eines Kindes beziehen sich naturgemäß auf wenige Merkmale. Das Musterbeispiel beschränkt sich auf Haare und Augen.

A **Flora hat ihre beste Klassenfreundin beschrieben. Lies, was sie über Ute geschrieben hat. Wähle dann vier Kinder aus deiner Klasse aus, male ihr Gesicht und beschreibe ihre Haare und Augen.**

Das ist Ute.

Ute hat lange Haare.

Sie hat blaue Augen.

B **Male und schreibe „Steckbriefe“ von erwachsenen Personen, zB *Lehrerin, Mama …***

67 Grüße an jemanden schreiben

Ob SMS oder Postkarte – Grüße aus einem Urlaubsort freuen den Empfänger immer. Eine einfache Vorlage könnte zum Nachmachen anregen.

A **Lies die Grußkarte, die Stefan an seine Oma geschrieben hat. Schreibe dann selbst eine Grußkarte an eine bestimmte Person.**

B **Mache jemandem eine Freude. Besorge dir eine Ansichtskarte vom Ort und schreibe an eine ausgewählte Person nette Grüße.**

68 Ein Tier beschreiben

So wie bei der Personenbeschreibung beschränken sich Kinder in diesem Alter bei der Beschreibung eines Tieres auf wenige Merkmale.

A **Vera hat ihre Katze beschrieben. Lies die Beschreibung. Male und beschreibe dein Lieblingstier.**

B **Betrachte in einem Buch oder einer Zeitung das Bild eines Tieres. Schreibe auf, wie es aussieht, wo es lebt, was es gerne macht und wovon es sich ernährt.**

69 Über Wunschträume schreiben

Was wäre, wenn? Mit diesem Gedanken spielen auch Erwachsene gerne. Genauso dürfen Kinder von fast nicht erfüllbaren Wünschen träumen. Bei dieser Schreibaufgabe werden sie eingeladen, drei Traumwünsche aufzuschreiben. Dabei können Kinder ihrer Fantasie freien Lauf lassen.

A **Eine gute Fee erscheint im Traum und stellt drei Wünsche frei. Was würdest du dir von der guten Fee wünschen? Lies, was sich Arif wünscht. Schreibe dann deine drei Wünsche auf.**

B **Denke bei den Wünschen an Personen, die du sehr gern hast. Was würdest du dir für diese Personen wünschen? Schreibe drei Wünsche in dein Übungsheft.**

70 Über Hobbys berichten

Bei dieser Schreibaufgabe werden Kinder eingeladen, über eigene Hobbys zu berichten. Dabei können sie in Bild und Wort ihre Lieblingsbeschäftigungen zu Papier bringen.

A **Lies, was Emanuel gerne macht. Was machst du gerne? Male und schreibe.**

B **Schreibe eine Liste mit Hobbys deiner Geschwister, Freunde und Eltern, zB**

Papa: wandern, Tennis spielen

Mama: Golf spielen, Gartenarbeit ...

71 Über Träume schreiben

Bei dieser Aufgabe werden Kinder angeregt, über einen Traum zu schreiben. Hat ein Kind kein Traumerlebnis, kann es sich einen Traum ausdenken.

A **Lies, was Patricia geträumt hat. Male und schreibe über einen Traum, an den du dich noch erinnern kannst.**

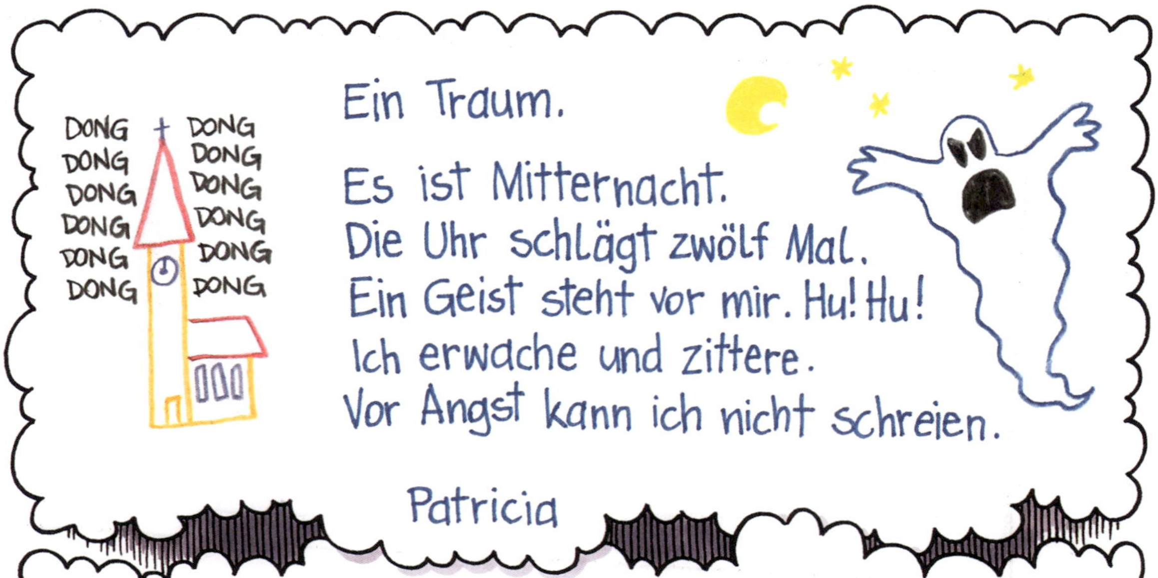

B **Denk dir eine Traumgeschichte mit einem Tier aus. Schreibe und male in dein Übungsheft.**

72 Eine Geschichte in Bildern erzählen

Die Mischung aus Bildern, Sprechblasen und Sätzen ist Kindern meist in Form von Comics bekannt. Die vorgegebene Geschichte soll wiederum als Anregung dienen, ein eigenes Erlebnis in vier Bildern festzuhalten.

A **Lucia hat ein spannendes Badeerlebnis gezeichnet. Schau und lies, was passiert ist. Male und schreibe dann, was du erlebt hast.**

B **Schreibe deine Geschichte ohne Bilder in dein Übungsheft. Du musst noch einige Sätze ergänzen.**